Vitality · Resilience · Openness

UN SDGs Shanghai Voluntary Local Review 2023

目录
CONTENTS

1. 引言 1

2. 评估方法和过程 5

3. 上海对可持续发展目标的响应概述 11
       上海对可持续发展目标的响应 11
       上海推动可持续发展目标的重要措施 14

4. 2023年优先审查目标 19
       SDG8 体面工作和经济增长 20
           响应框架 23
           关键指标 24
           主要进展 26
           重要措施 28
               (1) 提升经济活力和韧性 28
               (2) 精准实施经济纾困与振兴 31
               (3) 多举措促进就业 33
               (4) 刺激与发展消费 35

       SDG9 产业、创新和基础设施 40
           响应框架 43
           关键指标 44
           主要进展 46
           重要措施 48
               (1) 夯实现代化产业体系 48
               (2) 绿色化发展 51
               (3) 城市数字化转型 56

  (4) 具有世界影响力的科创中心建设 58

SDG11 可持续城市和社区 60

 响应框架 63

 关键指标 64

 主要进展 66

 重要措施 69

  (1) 城市更新与活力注入 69

  (2) 推进旧住房改造 72

  (3) 塑造社区生活圈 76

  (4) 公交导向的城市开发 82

  (5) 推进五个新城建设 83

SDG17 促进目标实现的伙伴关系 86

 响应框架 89

 关键指标 90

 主要进展 92

 重要措施 95

  (1) 拓展全球"朋友圈" 95

  (2) 推进营商环境改革 99

  (3) 推进长三角一体化高质量发展 101

  (4) 推进临港新片区全方位高水平开放 102

  (5) 推动虹桥国际开放枢纽能级提升 105

5. 展望 109

 案例索引 110

上海——国际经济、金融、贸易、航运中心，具有全球影响力的科技创新中心

上海已基本建成国际经济、金融、贸易、航运中心，具有全球影响力的科技创新中心形成基本框架。近年来，上海 GDP 规模稳定在全球前十名，2022 年跻身第六。目前，上海跨国公司地区总部累计达到 891 家，外资研发中心 531 家，全社会研发经费支出占 GDP 比例超过 4%，口岸贸易总额继续保持全球城市首位，上海港集装箱吞吐量连续 13 年蝉联世界第一。作为中国国际化程度最高的城市之一，上海已连续 11 年被评为"外籍人才眼中最具吸引力的中国城市"。展望 2035 年，上海将基本建成令人向往的创新之城、人文之城、生态之城，具有世界影响力的社会主义现代化国际大都市。

上海——国际文化大都市、国家历史文化名城

上海是国际文化大都市、国家历史文化名城，拥有 6000 多年前的马家浜文化、5000 多年前的崧泽文化和 4000 多年前的良渚文化的积淀，红色文化、海派文化、江南文化在交相辉映中激发着创造活力。当前，上海正以弘扬"海纳百川、追求卓越、开明睿智、大气谦和"的城市精神和"开放、创新、包容"的城市品格为价值引领，全面提升引领全国、辐射亚太、影响全球的城市软实力，奋力打造向世界展示中国理念、中国精神、中国道路的城市样板。

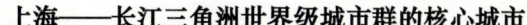

上海——长江三角洲世界级城市群的核心城市

上海位于中国东部，地处长江入海口，面向太平洋。它与邻近的浙江省、江苏省、安徽省构成的长江三角洲是中国经济发展最活跃、开放程度最高、创新能力最强的区域之一。作为长江三角洲世界级城市群的核心城市，上海发挥着龙头带动作用，辐射带动着长三角地区高质量发展。同时，上海正全力以赴主动服务和融入新发展格局，加快打造国内大循环的中心节点、国内国际双循环的战略链接。

上海——中国改革开放排头兵、创新发展先行者

1978 年以来，上海率先走出一条具有特大城市特点的科学发展之路，是全国改革开放排头兵、创新发展先行者，已形成以现代服务业为主体、战略性新兴产业为引领、先进制造业为支撑的现代产业体系。当前，上海正加快构建更高层次的开放型经济新体制，全面提升城市能级和核心竞争力，打造引领未来的创新策源地和全球智慧交融之地。

1. 引言

2015 年 9 月 25 日，在联合国可持续发展峰会上，193 个国家正式签署了《变革我们的世界：2030 年可持续发展议程》（简称"2030 年议程"），作为与 2000 年《联合国千年宣言》关于全球发展进程相衔接的框架性文件。该议程提出了 17 个可持续发展目标（Sustainable Development Goals，简称 SDGs），寻求巩固发展千年发展目标，让所有人享有权利，并兼顾经济、社会和环境发展需要。中国高度重视 2030 年议程，于 2016 年 9 月率先发布了《中国落实 2030 年可持续发展议程国别方案》，为各级地方政府结合地方实际落实 2030 年可持续发展议程提供指导思想、总体原则和总体路径。

图 1　2030 年议程 17 个目标

上海是中国最具国际化的城市之一。1843 年开埠通商后，上海逐步发展成为远东地区最大的金融、贸易和经济中心，中西文明交汇之地，成为中国与国际对话的重要窗口。中华人民共和国成立后，上海进一步加强了与国内城市的联系和对国内经济社会发展的服务。改革开放以来，上海按照国家战略部署，积极推动创新与转型发展，不断提升城市能级和核心竞争力。2022 年，上海地区生产总值跻身全球第六，人均生产总值超过 18 万元，已达到上中等发达国家和地区水平。

在前进的道路上，上海仍然面临不少困难和挑战。上海的经济发展面临来自需求收缩、供给冲击、预期转弱等多重压力，还需要进一步提振消费和投资，稳定贸易出口，切实解决企业生产经营困难。同时，上海的创新发展动能还需进一步加强，关键领域核心技术突破任重道远，产业链、供应链稳定性和竞争力亟待提高。作为中国改革开放的排头兵，上海仍然需要纵深推进全面深化改革，在重点领域改革中攻坚克难。作为有2475.89万人口的超大城市，上海在城市治理领域还存在不少短板，亟须加强城市运行保障和应急管理体系，持续提升城市的安全韧性，进一步提高政府服务管理效能。为了实现人民对美好生活的向往，上海仍然需要解决就业、教育、医疗、养老、托育、安居等方面的不少难题，持续优化提升城市建成环境与生态环境质量。

实践可持续发展是应对现实困难和挑战的有效解决方案。上海一直将追求可持续发展作为自身孜孜以求的目标。2010年，上海举办了主题为"城市，让生活更美好（Better City, Better Life）"的世界博览会，致力于将"人人共享的城市"融入可持续发展理念。在中国2010年上海世博会闭幕日（2010年10月31日）上，汇聚本届世界博览会思想成果的《上海宣言》正式发布，中国政府会同各国总代表，共同倡议将每年10月31日定为"世界城市日"。此倡议在联合国第68届大会通过，这也是中国首个在联合国推动设立的国际日。

2018年，上海提出了一份面向2035年的中长期发展战略文件——《上海市城市总体规划（2017—2035年）》，提出了"具有世界影响力的社会主义现代化国际大都市"的总体目标愿景。在总体目标愿景下，上海也提出了"更具活力的繁荣创新之城""更富魅力的幸福人文之城""更可持续的韧性生态之城"三个分目标，从不同角度响应可持续发展目标。

在2030年议程的目标框架下，全球不少城市相继启动了自愿性地方审查工作（简称"自评估工作"），阶段性地审视城市自身在可持续发展目标方面的进展和成果。应联合国人居署的邀请，上海在2021年世界城市日中国主场暨首届城市可持续发展全球大会上发布了《落实联合国2030年可持续发展议程上海自愿评估报告·2021年》（简称《上海报告·2021》），并在此基础上宣布加入联合国可持续发展目标城市旗舰项目，将参与SDGs项目作为上海推动可持续发展的常态化工作。

2022年，在上海举办的世界城市日全球主场活动暨第二届城市可持续发展全球大会上，第二份年度成果《上海报告·2022》得到了相关领导的推介。该年度的报告聚焦"绿色·共享·合作"的总主题，从"清洁能源""公平共享""绿色韧性""合作发展"四个领域展开评估。自2022年起，上海构建了由市级和区级两个层级构成的自愿评估报告的"1+X"成果体系，实现"市区联动"。

图 2　SDGs 目标体系与上海城市目标愿景的逻辑关系

2023 年是上海自评估工作的第三年。本年度的工作将继续紧扣上海近年来在城市可持续发展和建设领域的主题性实践工作，突出取得关键成效的工作，开展具有"主题性""延续性"和"联动性"特征的评估。在"主题性"方面，2023 年度报告聚焦"活力·韧性·开放"的总主题。"活力"体现"创新是第一动力"、实施创新驱动发展战略的内在要求，是 2022 年上海提出"'世界影响力'的能级显著提升"的新目标，也是强化改革创新和推动经济加快复苏的关键选择。"韧性"是超大特大城市发展的底线保障，是关系社会稳定和人民幸福的大事，包括硬件和软件两个层面。"开放"是"海纳百川"的国际大都市的城市精神，是上海重要的城市品格，也是上海服务好构建"双循环"新发展格局和中国式现代化建设大局的坚定选择。在"延续性"方面，结合年度主题选取 SDG8（体面工作和经济增长）、SDG9（产业、创新和基础设施）、SDG11（可持续城市和社区）、SDG17（促进目标实现的伙伴关系）四个目标开展优先审查，持续性地响应 SDGs 逻辑框架。在"联动性"方面，本年度的报告成果由"1+1"的体系构成，即"1"份市级层面的主报告和 1 份区级层面的子报告。

2023 年 10 月底和 11 月初，上海市政府、住房和城乡建设部与联合国人居署在上海举办 2023 年世界城市日中国主场活动，活动期间，《上海报告·2023》成果通过第三届城市可持续发展全球大会作专题推介，面向全球交流超大特大城市在推进可持续发展领域的实践经验。

2. 评估方法和过程

《上海报告·2023》编制工作由上海市政府相关部门、专业研究机构、专家咨询委员会和相关社会组织共同参与。报告编制过程坚持多机构共同协作，邀请了20余个政府部门及社会组织参与专业领域评估，并提供展现最新实践成果的丰富案例；坚持多领域专家咨询，由年度主题相关领域的权威专家组成专家咨委会，负责优先审查目标及相关指标的选定与讨论；坚持多源数据分析，从城市体检工作等多维度广泛了解居民个体对城市发展的满意度。上海社会科学院《上海报告·2023》编写组承担本次报告的编写工作。

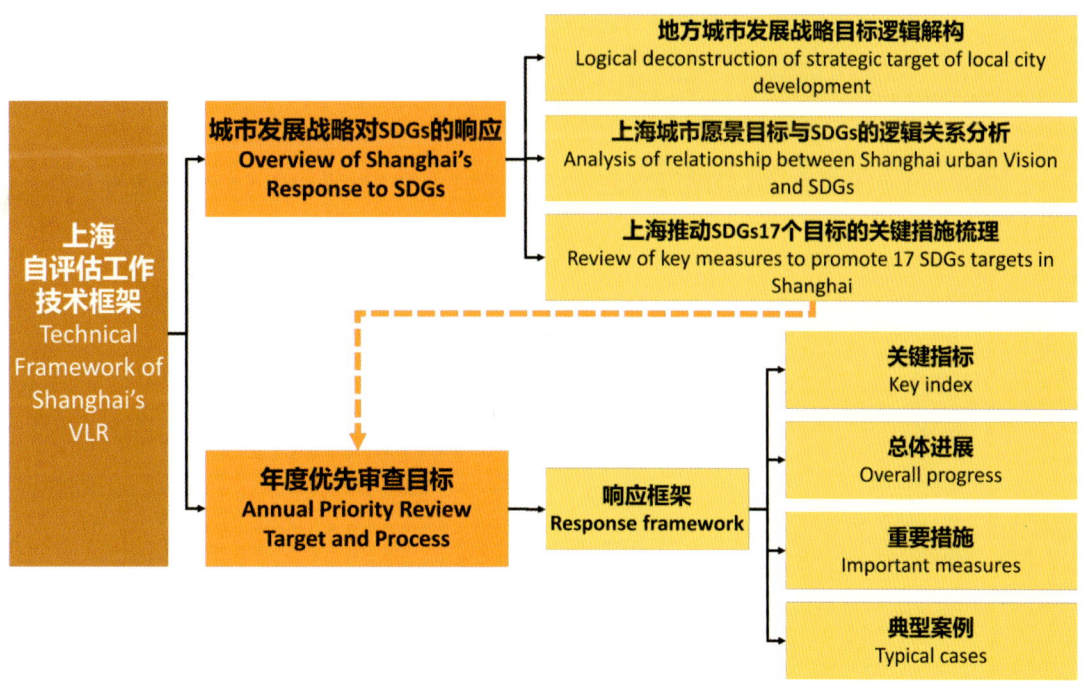

图3 上海自评估工作技术框架示意图

在编制范式方面，《上海报告·2023》参考了联合国经济和社会事务部（UN DESA）可持续发展司《自愿国别评估准备手册》(Handbook for the Preparation of Voluntary National Reviews)、联合国人居署《自愿性地方审查指南》(Guidelines for Voluntary Local Reviews)的要求。该报告也参考了中华人民共和国外交部于2021年6月发布的《中国落实2030年可持续发展议程国别自愿陈述报告》，并借鉴联合国可持续发展目标网站上提供的国外其他城市在区级层面可持续发展目标方面的本地评估成果。

图 4 《中国落实 2030 年可持续发展议程国别自愿陈述报告》（2021 年发布）

在审查框架与内容方面，《上海报告·2023》工作组综合参考了《中国落实 2030 年可持续发展议程国别方案》《2018 中国 SDGs 指标构建及进展评估报告》，结合政府部门和相关专家的建议，建立了上海市的本地化评估框架。同时，《上海报告·2023》的内容编制也参考了上海市国民经济和社会发展五年规划的评估、上海城市体检年度报告等系列研究成果。

在 2023 年度的评估过程中，进一步审查了当前城市发展战略和关键措施与 17 个可持续发展目标之间的逻辑关系。在此基础上，结合 2023 年度报告的总主题"活力·韧性·开放"，综合考虑 2023 年世界城市日的主题"汇聚资源，共建可持续的城市未来(Financing sustainable urban future for all)"以及上海近期可持续发展的重点实践，确定了 2023 年自评估工作的 4 个优先审查目标："SDG8 体面工作和经济增长""SDG9 产业、创新和基础设施""SDG11 可持续城市和社区""SDG17 促进目标实现的伙伴关系"。以年度主题"活力·韧性·开放"为导向，对四个一级目标下的二级目标体系进行筛选，选择若干条相关度高的二级目标作为本年度优先审查工作的重点关注方向。年度主题词与 SDGs 二级目标之间的对应关系如表 1 所示。

表1　SDGs二级目标与年度报告主题词的关系

SDGs	SDGs 内容	主题词	关注度
8.1	根据各国国情维持人均经济增长，特别是将最不发达国家国内生产总值年增长率至少维持在7%	活力	★★
8.2	通过多样化经营、技术升级和创新，包括重点发展高附加值和劳动密集型行业，实现更高水平的经济生产力	活力	★★
8.3	推行以发展为导向的政策，支持生产性活动、体面就业、创业精神、创造力和创新；鼓励微型和中小型企业通过获取金融服务等方式实现正规化并成长壮大	活力	★★
8.4	到2030年，逐步改善全球消费和生产的资源使用效率，按照《可持续消费和生产模式方案十年框架》，努力使经济增长和环境退化脱钩，发达国家应在上述工作中做出表率	韧性	★★
8.5	到2030年，所有男女，包括青年和残疾人实现充分和生产性就业，有体面工作，并做到同工同酬	活力	★★
8.6	到2020年，大幅减少未就业和未受教育或培训的青年人比例	活力	★★
8.7	立即采取有效措施，根除强制劳动、现代奴隶制和贩卖人口，禁止和消除最恶劣形式的童工，包括招募和利用童兵，到2025年终止一切形式的童工	韧性	
8.8	保护劳工权利，推动为所有工人，包括移民工人，特别是女性移民和没有稳定工作的人创造安全和有保障的工作环境	韧性	★
8.9	到2030年，制定和执行推广可持续旅游的政策，以创造就业机会，促进地方文化和产品	活力	★★
8.10	加强国内金融机构的能力，鼓励并扩大全民获得银行、保险和金融服务的机会	活力	★★
8.a	增加向发展中国家，特别是最不发达国家提供的促贸援助支持，包括通过《为最不发达国家提供贸易技术援助的强化综合框架》提供上述支持	开放 活力	★★
8.b	到2020年，拟定和实施青年就业全球战略，并执行国际劳工组织的《全球就业契约》	活力	★★
9.1	发展优质、可靠、可持续和有抵御灾害能力的基础设施，包括区域和跨境基础设施，以支持经济发展和提升人类福祉，重点是人人可负担得起并公平利用上述基础设施	韧性	★★
9.2	促进包容可持续工业化，到2030年，根据各国国情，大幅提高工业在就业和国内生产总值中的比例，使最不发达国家的这一比例翻番	开放 韧性	★★
9.3	增加小型工业和其他企业，特别是发展中国家的这些企业获得金融服务、包括负担得起的信贷的机会，将上述企业纳入价值链和市场	活力	★★
9.4	到2030年，所有国家根据自身能力采取行动，升级基础设施，改进工业以提升其可持续性，提高资源使用效率，更多采用清洁和环保技术及产业流程	韧性	★★
9.5	在所有国家，特别是发展中国家，加强科学研究，提升工业部门的技术能力，包括到2030年，鼓励创新，大幅增加每100万人口中的研发人员数量，并增加公共和私人研发支出	活力	★★

（续表）

SDGs	SDGs 内容	主题词	关注度
9.a	向非洲国家、最不发达国家、内陆发展中国家和小岛屿发展中国家提供更多的财政、技术和技能支持，以促进其开发有抵御灾害能力的可持续基础设施	开放 韧性	★★
9.b	支持发展中国家的国内技术开发、研究与创新，包括提供有利的政策环境，以实现工业多样化，增加商品附加值	活力	★★
9.c	大幅提升信息和通信技术的普及度，力争到2020年在最不发达国家以低廉的价格普遍提供因特网服务	活力	★
11.1	到2030年，确保人人获得适当、安全和负担得起的住房和基本服务，并改造贫民窟	韧性	★
11.2	到2030年，向所有人提供安全、负担得起的、易于利用、可持续的交通运输系统，改善道路安全，特别是扩大公共交通，要特别关注处境脆弱者、妇女、儿童、残疾人和老年人的需要	韧性	★★
11.3	到2030年，在所有国家加强包容和可持续的城市建设，加强参与性、综合性、可持续的人类住区规划和管理能力	活力 韧性	★★
11.4	进一步努力保护和捍卫世界文化和自然遗产	韧性	★
11.5	到2030年，大幅减少包括水灾在内的各种灾害造成的死亡人数和受灾人数，大幅减少上述灾害造成的与全球国内生产总值有关的直接经济损失，重点保护穷人和处境脆弱群体	韧性	★★
11.6	到2030年，减少城市的人均负面环境影响，包括特别关注空气质量，以及城市废物管理等	韧性	★★
11.7	到2030年，向所有人，特别是妇女、儿童、老年人和残疾人，普遍提供安全、包容、无障碍、绿色的公共空间	韧性 活力	★★
11.a	通过加强国家和区域发展规划，支持在城市、近郊和农村地区之间建立积极的经济、社会和环境联系	开放 活力 韧性	★★
11.b	到2020年，大幅增加采取和实施综合政策和计划以构建包容、资源使用效率高、减缓和适应气候变化、具有抵御灾害能力的城市和人类住区数量，并根据《2015—2030年仙台减少灾害风险框架》在各级建立和实施全面的灾害风险管理	韧性	★★
11.c	通过财政和技术援助等方式，支持最不发达国家就地取材，建造可持续的、有抵御灾害能力的建筑	韧性	★★
17.1	通过向发展中国家提供国际支持等方式，以改善国内征税和提高财政收入的能力，加强筹集国内资源	开放	★
17.2	发达国家全面履行官方发展援助承诺，包括许多发达国家向发展中国家提供占发达国家国民总收入0.7%的官方发展援助，以及向最不发达国家提供占比0.15%至0.2%援助的承诺；鼓励官方发展援助方设定目标，将占国民总收入至少0.2%的官方发展援助提供给最不发达国家	开放	★
17.3	从多渠道筹集额外金融资源用于发展中国家	开放	★★
17.4	通过政策协调，酌情推动债务融资、债务减免和债务重组，以帮助发展中国家实现长期债务可持续性，处理重债穷国的外债问题以减轻其债务压力	开放	★

（续表）

SDGs	SDGs 内容	主题词	关注度
17.5	采用和实施对最不发达国家的投资促进制度	开放	★★
17.6	加强在科学、技术和创新领域的南北、南南、三方区域合作和国际合作，加强获取渠道，加强按相互商定的条件共享知识，包括加强现有机制间的协调，特别是在联合国层面加强协调，以及通过一个全球技术促进机制加强协调	开放	★★
17.7	以优惠条件，包括彼此商定的减让和特惠条件，促进发展中国家开发以及向其转让、传播和推广环境友好型的技术	开放	★★
17.8	促成最不发达国家的技术库和科学、技术和创新能力建设机制到2017年全面投入运行，加强促成科技特别是信息和通信技术的使用	开放	★★
17.9	加强国际社会对在发展中国家开展高效的、有针对性的能力建设活动的支持力度，以支持各国落实各项可持续发展目标的国家计划，包括通过开展南北合作、南南合作和三方合作	开放	★★
17.10	通过完成多哈发展回合谈判等方式，推动在世界贸易组织下建立一个普遍、以规则为基础、开放、非歧视和公平的多边贸易体系	开放 活力	★★
17.11	大幅增加发展中国家的出口，尤其是到2020年使最不发达国家在全球出口中的比例翻番	开放 活力	★★
17.12	按照世界贸易组织的各项决定，及时实现所有最不发达国家的产品永久免关税和免配额进入市场，包括确保对从最不发达国家进口产品的原产地优惠规则是简单、透明和有利于市场准入的	开放 活力	★★
17.13	加强全球宏观经济稳定，包括为此加强政策协调和政策一致性	开放	★★
17.14	加强可持续发展政策的一致性	开放	★★
17.15	尊重每个国家制定和执行消除贫困和可持续发展政策的政策空间和领导作用	开放	★★
17.16	加强全球可持续发展伙伴关系，以多利益攸关方伙伴关系作为补充，调动和分享知识、专长、技术和财政资源，以支持所有国家、尤其是发展中国家实现可持续发展目标	开放	★★
17.17	借鉴伙伴关系的经验和筹资战略，鼓励和推动建立有效的公共、公私和民间社会伙伴关系	开放 活力	★
17.18	到2020年，加强向发展中国家，包括最不发达国家和小岛屿发展中国家提供的能力建设支持，大幅增加获得按收入、性别、年龄、种族、民族、移徙情况、残疾情况、地理位置和各国国情有关的其他特征分类的高质量、及时和可靠的数据	开放	★
17.19	到2030年，借鉴现有各项倡议，制定衡量可持续发展进展的计量方法，作为对国内生产总值的补充，协助发展中国家加强统计能力建设	开放	★

3. 上海对可持续发展目标的响应概述

上海对可持续发展目标的响应

在《上海市城市总体规划（2017—2035 年）》中，上海提出了建设"更具活力的繁荣创新之城""更富魅力的幸福人文之城""更可持续的韧性生态之城"的目标愿景（简称"2035 目标"）。在推进"具有世界影响力的社会主义现代化国际大都市"总目标实现的路径中，上海全面推进经济、治理、文化、社会、环境等领域的发展。从逻辑框架看，上海以经济、社会、文化等领域发展为主着力"更具活力的繁荣创新之城"的发展目标；以文化、治理、社会等领域发展为主着力"更富魅力的幸福人文之城"的发展目标；以环境、治理、经济等领域发展为主着力"更可持续的韧性生态之城"的发展目标。

可持续发展理念始终贯穿在上海经济、治理、文化、社会、环境等领域的发展实践过程中。在经济领域，上海关注能源发展、就业和经济增长、新兴产业、促进共同发展、负责任的消费和生产等方向；在治理领域，上海关注减少地区发展差异、促进社区治理、发展循环生产、确保公平正义、区域协同治理等方向；在文化领域，上海关注高质量文化教育发展、营造性别平等的文化环境、科技创新与文化创意、社区营造、区域合作等方向；在社会领域，上海关注消除贫困、保障食品供应、提高健康水平、教育公平、性别平等保障等方向；在环境领域，上海关注供水安全与保障、新能源发展、气候变化应对、水环境与生物保护、陆地环境与生物保护等方向。

本报告建立了上海 2035 目标与 SDGs17 个目标之间的逻辑对应关系。2023 年度的自评估工作在此框架基础上展开，在指标评估方面也同时考虑与经济、治理、文化、社会、环境等领域指标体系架构相衔接。

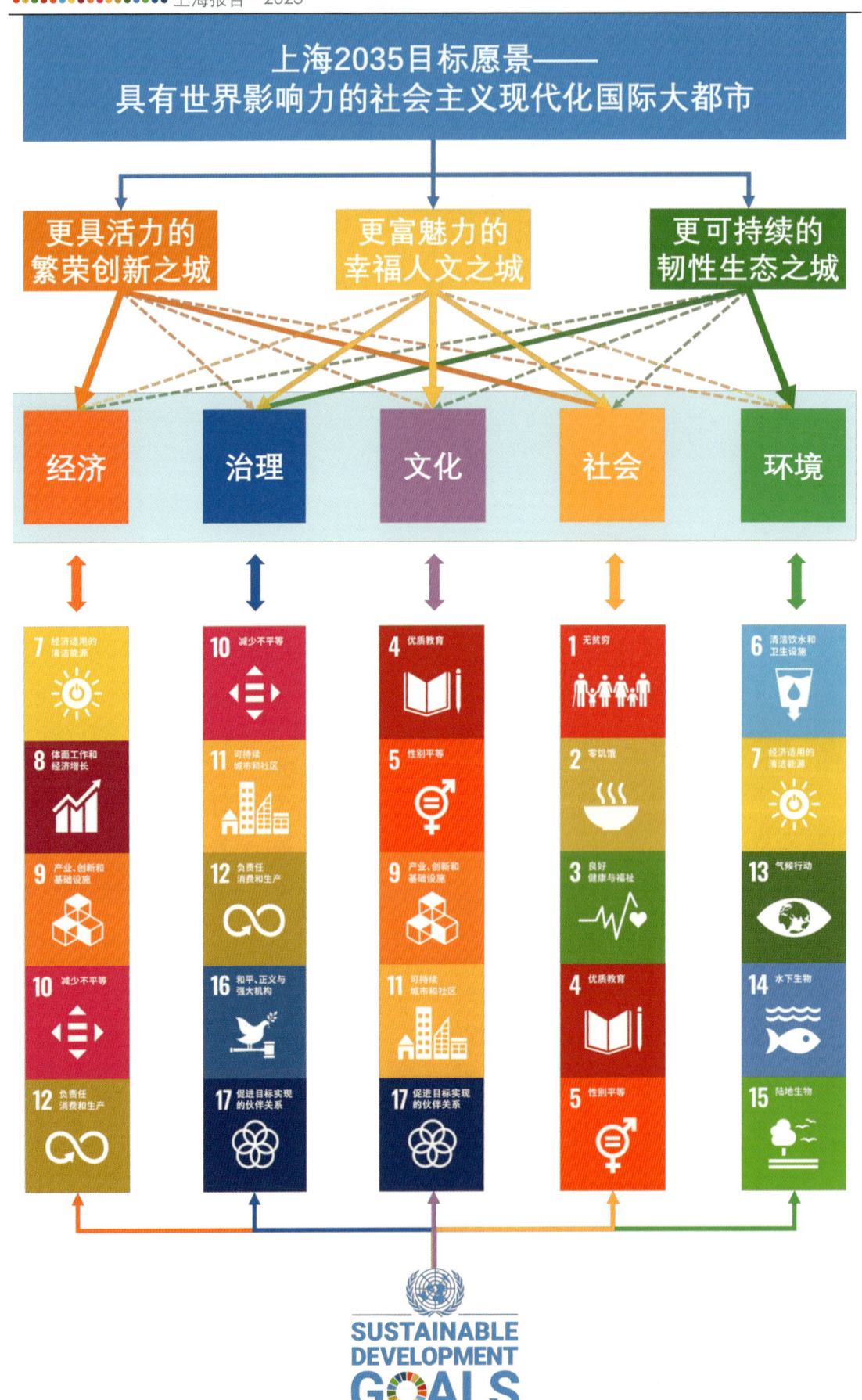

图5　上海"三个目标"和SDGs目标之间的逻辑对应关系

- **更具活力的繁荣创新之城**

建设更具活力的繁荣创新之城，上海着力提升全球资源配置、科技创新策源、高端产业引领和开放枢纽门户等城市核心功能，以科技创新为引领构建协同发展的产业体系（SDG9、SDG12）；建设更开放的国际枢纽门户，提高国际国内两个扇面的服务辐射能力，提升全球资源配置能力（SDG17）；着力增强先进制造业实力激发城市经济的内生动力（SDG8、SDG9）；强化便捷高效的综合交通及现代化基础设施体系支撑（SDG7、SDG9）；营造更加具有吸引力的就业创业环境（SDG8）；让全民能够享受发展的成果（SDG1、SDG2、SDG10）。

- **更富魅力的幸福人文之城**

建设更富魅力的幸福人文之城，上海以人民对美好生活的向往为目标，打造宜居、宜业、宜学、宜游的社区，完善公平共享、弹性包容的基本公共服务体系（SDG3、SDG4）；健全可负担、可持续的住房供应体系（SDG11）；提升市民的获得感、幸福感、安全感，着力实现社会公平正义（SDG5、SDG10、SDG16）；激发城市文化创新创造活力，提升城市的文化软实力和吸引力（SDG4、SDG9、SDG17）；保护历史文化遗产，延续城市历史文脉，留住城市记忆（SDG11、SDG12）。

- **更可持续的韧性生态之城**

建设更可持续的韧性生态之城，上海积极应对全球气候变化等挑战（SDG13）；转变生产生活方式（SDG12）；全面提升生态品质，建设多层次、成网络、功能复合的生态空间体系（SDG6、SDG14、SDG15）；构建政府为主导、企业为主体、社会组织和公众共同参与的环境治理体系（SDG16、SDG17）；完善城市安全保障，加强基础性、功能型、网络化的城市基础设施体系建设（SDG9）；提高市政基础设施对城市运营的保障能力和服务水平，增强城市应对灾害的能力和韧性（SDG11、SDG12）。

上海推动可持续发展目标的重要措施

● 推动可持续发展的重点战略方向

自 2015 年以来，上海在经济、治理、文化、社会、环境等领域坚持推进可持续发展，通过若干重点战略方向的实践，取得了阶段性的成果。

在经济领域，上海着力构建现代服务业为主体、战略性新兴产业为引领、先进制造业为支撑的现代产业体系，加快推动经济高质量发展。全市生产总值连续跨过 3 万亿元、4 万亿元两个大台阶，从 2015 年的 2.69 万亿元增长到 2022 年的 4.47 万亿元，跻身全球城市前列；人均 GDP 从 10.92 万元增加到 18.04 万元，达到上中等发达国家水平。上海通过强化全球资源配置功能、强化科技创新策源功能、强化高端产业引领功能、强化开放枢纽门户功能，着力提升城市能级和核心竞争力，城市功能实现新飞跃。国际经济、金融、贸易、航运中心基本建成，口岸货物贸易总额保持全球首位，上海港集装箱吞吐量连续 12 年位居世界第一。上海作为全国改革开放排头兵和创新发展先行者，高起点打造浦东社会主义现代化建设引领区，加快培育自贸试验区临港新片区特殊经济功能，不断放大科创板和注册制效应，全力推动长三角一体化发展走深走实，连续成功举办中国国际进口博览会。

在治理领域，上海坚持对标最高标准、最好水平，努力实现更高效能城市治理。上海牢牢把握超大城市特点和规律，坚持全覆盖、全过程、全天候管理，综合运用法治化、标准化、智能化、社会化管理手段，将科技之智与规则之治、人民之力更好结合起来，推动城市治理现代化。上海持续提升城市管理精细化水平，以城市网格化综合管理系统为基础，迭代升级城市管理精细化工作平台，扎实开展"美丽街区""美丽家园""美丽乡村"建设。上海稳步推进城市治理数字化转型，依托政务服务"一网通办"和城市运行"一网统管"，打造了一批"好办""快办"的为民服务项目，形成了一批"实用""管用"的数字应用场景。上海通过深入践行全过程人民民主重大理念，努力凝聚共创美好生活的磅礴力量，形成了日益浓厚的共建共治共享氛围。

在文化领域，上海全力打响"上海文化"品牌，加快建设具有世界影响力的社会主义国际文化大都市。上海着力发展活跃繁荣的文艺创作生产，逐步确立首演、首秀、首发的文化重镇地位。上海致力于打造全球影视创制中心、国际重要艺术品交易中心、亚洲演艺之都、全球电竞之都，不断夯实文化创意产业的支柱地位。上海国际电影节成为亚太地区最具影响力的国际电影盛会，中国国际数码互动娱乐展览会成为亚洲第一、世界三大数码互动娱乐展会。上海全面推进基本公共文化服务标准化、均等化，不断完善中心城区10分钟、郊区15分钟公共文化服务圈。上海坚持优化城市文化设施空间布局，打造浦西人民广场地区、浦东花木地区两大文化核心功能区，着力推进上海博物馆东馆、上海图书馆东馆、上海大歌剧院等一批重大文化设施项目的建设。上海致力于打造具有全球影响力的世界著名旅游城市，不断夯实城市观光、休闲、度假功能，建成开放上海迪士尼乐园等一批标杆项目，佘山国家旅游度假区被认定为国家级旅游度假区，吴淞邮轮港成为亚洲第一、全球第四大邮轮母港。

在社会领域，上海践行"人民城市人民建，人民城市为人民"重要理念，着力保障和改善民生，着力提升人民生活水平。全市居民人均可支配收入从2015年的4.99万元提高到2022年的7.96万元。上海以"15分钟社区生活圈"为载体，切实完善社区各类公共服务功能，提升社区宜居、宜业、宜游、宜学、宜养能力和水平，推进实现覆盖城乡的基本公共服务均等化。上海致力于为全体居民营造开放、包容的城市建成环境，推动黄浦江、苏州河"一江一河"岸线贯通开放、品质提升，实现中心城区成片二级旧里以下房屋改造全面收官。上海高度重视与广大市民切身利益关系密切的教育和医疗卫生事业的发展，满足人民群众"幼有善育、学有优教、病有良医"的美好期待。学前三年毛入园率、义务教育和高中阶段教育毛入学率均接近100%，主要劳动年龄人口受过高等教育比例接近50%。上海初步建成保障市民生命健康的卫生服务体系，居民各项主要健康指标保持世界领先水平。

在环境领域，上海坚定不移走生态优先、绿色低碳发展之路，积极探索"绿水青山就是金山银山"与"人民城市"两大重要理念的深度融合与实践。上海积极落实碳达峰、碳中和战略，不断加大能源、产业、交通和农业"四大结构"调整力度，培育绿色低碳发展新动能。上海通过全社会共同努力，积极推进生活方式转变，垃圾分类成为新时尚。上海生态环境保护工作由污染物减排逐渐转向环境质量的改善和生态服务功能的提升。目前，上海空气和水环境质量均创有监测记录以来最好水平。黄浦江、苏州河、淀山湖等重要河湖生物多样性指数呈增长趋势。上海致力于为市民提供更加广阔的生态空间，2022年森林覆盖率达到18.5%。

● **近期可持续发展实践的重要措施**

对照SDGs17个目标，梳理上海近期在推动可持续发展中的重要措施（见表2）。在此基础上，2023年报告选定其中4个目标（SDG8 体面工作和经济增长；SDG9 产业、创新和基础设施；SDG11 可持续城市和社区；SDG17 促进目标实现的伙伴关系）开展优先审查。

表2 上海应对可持续发展目标的重要措施

可持续发展目标		上海的措施
1 无贫穷	在全世界消除一切形式的贫困	• 完善困难群众救助体系 • 科学提升社会救助与保障水平 • 对口帮扶国内其他地区实现脱贫
2 零饥饿	消除饥饿，实现粮食安全，改善营养状况和促进可持续农业	• 推进现代农业高质量发展 • 发展种源科技，打造种业发展高地 • 严守耕地保护红线 • 从消费和供给两端制止餐饮浪费
3 良好健康与福祉	确保健康的生活方式，促进各年龄段人群的福祉	• 推进医疗保险高质量覆盖 • 健全公共卫生应急体系 • 做好孕妇妊娠风险预控 • 实施清洁空气计划 • 严格控制烟草使用 • 推进交通安全隐患防控
4 优质教育	确保包容和公平的优质教育，让全民终身享有学习机会	• 推进义务教育资源配置均等化 • 着力推动托育服务发展 • 职业教育高质量发展 • 特殊教育精准化覆盖 • 搭建社区教育网络 • 建立终身教育学分银行
5 性别平等	实现性别平等，增强所有妇女和女童的权能	• 推进公共场所母婴设施全覆盖 • 助力女性高质量就业 • 为女性就业创业提供多方位支持 • 成立性别平等咨询评估委员会
6 清洁饮水和卫生设施	为所有人提供水和环境卫生并对其进行可持续管理	• 强化饮用水水源地生态保护 • 供水管道和二次供水设施长效更新改造 • 强化长三角区域水污染联防联控
7 经济适用的清洁能源	确保人人获得负担得起的、可靠和可持续的现代能源	• 发展可再生的绿色能源 • 发展天然气清洁能源 • 持续优化能源结构 • 推进能源低碳高效利用
8 体面工作和经济增长	促进持久、包容和可持续经济增长，促进充分的生产性就业和人人获得体面工作	• 提升经济活力和韧性 • 精准实施经济纾困与振兴 • 多举措促进就业 • 刺激与发展消费

（续表）

可持续发展目标		上海的措施
	建造具备抵御灾害能力的基础设施，促进具有包容性的可持续工业化，推动创新	● 夯实现代化产业体系 ● 绿色化发展 ● 城市数字化转型 ● 具有世界影响力的科创中心建设
	减少国家内部和国家之间的不平等	● 保障人人享有体面尊严的生活 ● 提供人人共享的高品质公共服务 ● 创造人人有感的美好乡村生活 ● 打造全民友好的幸福城市
	建设包容、安全、有抵御灾害能力和可持续的城市和人类住区	● 城市更新与活力注入 ● 推进旧住房改造 ● 塑造社区生活圈 ● 公交导向的城市开发 ● 推进五个新城建设
	采用可持续的消费和生产模式	● 推进"无废城市"建设 ● 推进绿色循环经济发展 ● 推进经济结构调整与绿色生产 ● 推动建设安全韧性城市
	采取紧急行动应对气候变化及其影响	● 强化城市气候变化影响评估工作 ● 强化气象灾害防御能力 ● 加速推进"碳达峰"，建设低碳绿色城市 ● 推进碳交易平台与市场建设 ● 大力推广新能源汽车
	保护和可持续利用海洋和海洋资源以促进可持续发展	● 推进海岸生态修复工程 ● 加强海洋环境监测能力建设 ● 严格围填海计划和区域用海规划管理 ● 增强海洋灾害应急处置能力建设
	保护、恢复和促进可持续利用陆地生态系统，可持续管理森林，防治荒漠化，制止和扭转土地退化，遏制生物多样性的丧失	● 长江河口湿地保护与治理 ● 实施生物多样性保护 ● 全域统筹推进郊野公园建设 ● 建设用地土壤污染风险管控和修复 ● 推进生活垃圾分类
	创建和平、包容的社会以促进可持续发展，让所有人都能诉诸司法，在各级建立有效、负责和包容的机构	● 全过程人民民主提升城市治理能力 ● 实施市场准入负面清单制度 ● "一网通办"智慧政府建设 ● 允许境外仲裁机构在临港新片区设立业务机构
	加强执行手段，重振可持续发展全球伙伴关系	● 拓展全球"朋友圈" ● 推进营商环境改革 ● 推进长三角一体化高质量发展 ● 推进临港新片区全方位高水平开放 ● 推进虹桥国际开放枢纽能级提升

4. 2023 年优先审查目标

SDG8 体面工作和经济增长

SDG8

- SDG8 体面工作和经济增长，致力于促进持久、包容和可持续经济增长，促进充分的生产性就业和人人获得体面工作。通过该目标的实践，可以有效推动持续和包容的经济增长，激发各类经济主体的活力，为所有人创造体面的就业机会。

- 当前，上海面临来自需求收缩、供给冲击、预期转弱等多重压力，投资亟待进一步提振，企业生产经营面临的困难亟须有针对性的解决，人民群众对于高质量就业和消费的向往需要更好地满足。

- 在 SDG8 目标下，上海近年来积极应对诸多现实挑战，克服疫情等不利因素的影响，以为人民群众创造更加美好的生活为目标，多举措促进就业健康发展，精准实施经济纾困与振兴措施，拓展消费场景刺激经济发展，与全球伙伴共享城市经济可持续发展的实践经验。

SDG8

响应框架

重要措施	具体领域	典型案例	关键指标	SDG8 目标响应
提升经济活力和韧性	积极落实国家重大战略任务		▶国内生产总值	8.1 根据各国国情维持人均经济增长，特别是将最不发达国家国内生产总值年增长率至少维持在 7% 8.2 通过多样化经营、技术升级和创新，包括重点发展高附加值和劳动密集型行业，实现更高水平的经济生产力
	强化"四大功能"，深化"五个中心"建设			
	优化功能布局，塑造市域空间新格局			
	持续推进各类重大项目与工程的投资建设	上海东站综合枢纽建设		
精准实施经济纾困与振兴措施	多举措促进企业主体全生命周期活力发展		▶中外资金融机构本外币各项贷款余额	8.3 推行以发展为导向的政策，支持生产性活动、体面就业、创业精神、创造力和创新；鼓励微型和中小型企业通过获取金融服务等方式实现正规化并成长壮大
	实施大规模普惠性减税费降成本政策	上海实施国有房屋租金减免政策		
	举办扩投资、促消费、稳外资外贸专场活动及会议			
	优化资金、土地、人才、营商环境等要素保障政策			
多举措促进就业	积极扩大全社会就业容量		▶新增就业岗位 ▶城镇登记失业率 ▶全年帮扶引领成功创业人数	8.5 到 2030 年，所有男女，包括青年和残疾人实现充分和生产性就业，有体面工作，并做到同工同酬
	加强困难人员就业帮扶与保障			
	提升就业服务的综合水平			
	完善青年就业与职业发展服务体系	徐汇区帮助长期失业青年实现就业创业		
刺激与发展消费	规范消费行业发展，引领消费发展新趋势		▶社会消费品零售总额 ▶人均可支配收入 ▶人均消费支出	8.4 到 2030 年，逐步改善全球消费和生产的资源使用效率，按照《可持续消费和生产模式方案十年框架》，努力使经济增长和环境退化脱钩，发达国家应在上述工作中做出表率 8.9 到 2030 年，制定和执行推广可持续旅游的政策，以创造就业机会，促进地方文化和产品
	优化管理与服务制度，鼓励企业创新探索消费新场景	上海开展多元化新业态城市消费活动		
	多渠道精准发放电子消费券，探索支付惠民新模式			
	积极推动时尚消费高质量发展	上海时装周×SORONA 项目		

关键指标

↘ 国内生产总值（亿元）

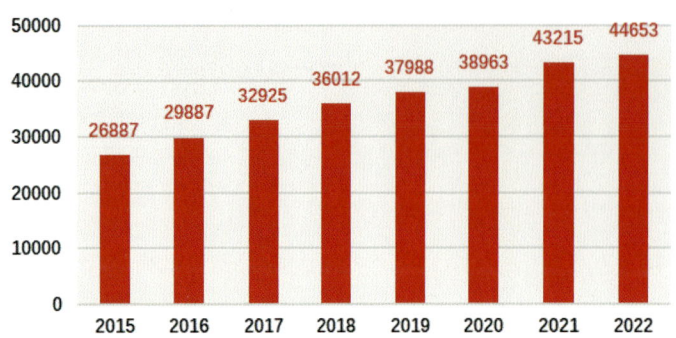

2015—2022 年，国内生产总值从 **26887 亿元**增长至 **44653 亿元**。

↘ 新增就业岗位（万个）

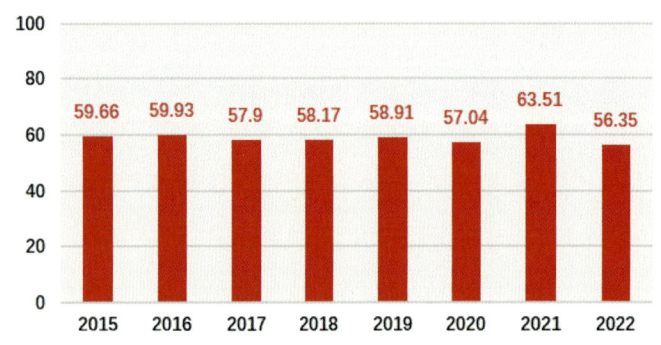

2015—2022 年，平均每年新增就业岗位 **58.9 万个**。

↘ 城镇登记失业率（%）

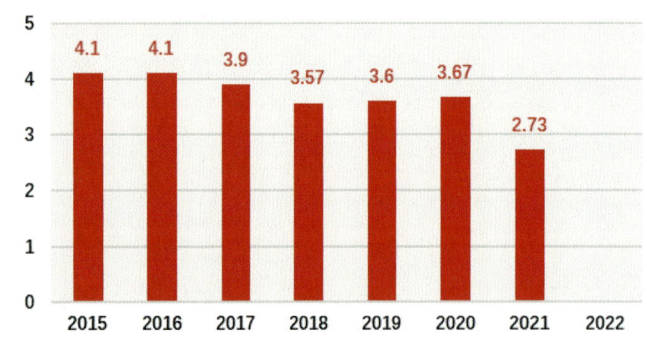

2015—2021 年，城镇登记失业率稳定在 **5%以下**。

↘ 全年帮扶引领成功创业人数（人）

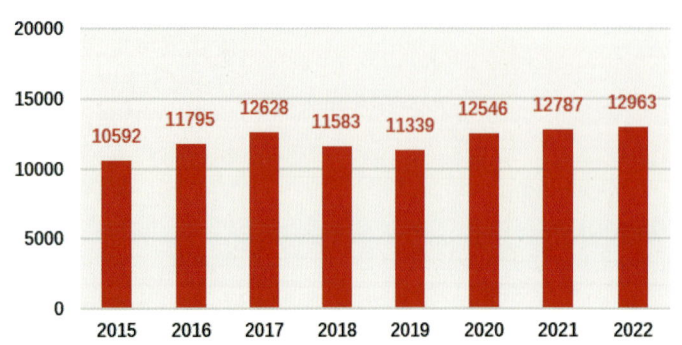

2015—2022 年，平均每年帮扶引领成功创业 **1.2 万人**以上。

↘ 社会消费品零售总额（亿元）

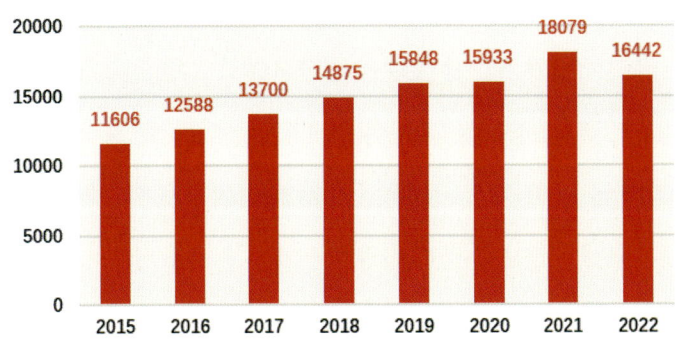

2015—2022 年，社会消费品零售总额增长 **41.7%**。

↘ 中外资金融机构本外币各项贷款余额（亿元）

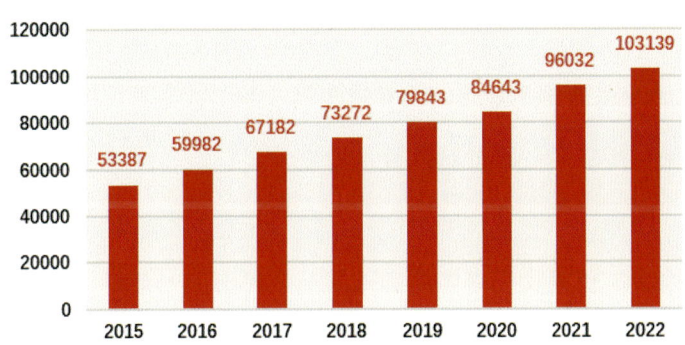

2015—2022 年，中外资金融机构本外币各项贷款余额增长 **93.2%**。

↘ 人均可支配收入（元）

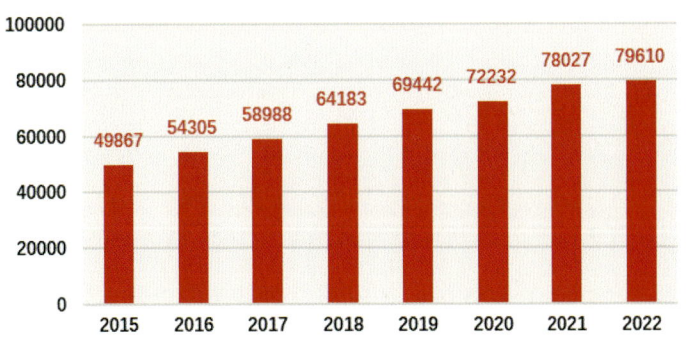

2015—2022 年，人均可支配收入增长 **59.6%**。

↘ 人均消费支出（元）

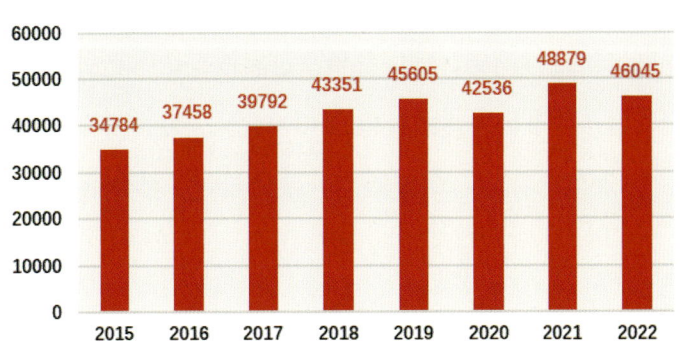

2015—2022 年，人均消费支出增长 **32.4%**。

主要进展

- **经济发展活力和韧性持续增强**

近年来，上海着力加快推动经济高质量发展，建设现代化经济体系，综合实力跃上新台阶。全市生产总值从 2015 年的 2.69 万亿元增长至 2022 年的 4.47 万亿元，跻身全球城市第四位；人均 GDP 从 10.92 万元增加至 18.04 万元，达到上中等发达国家水平。现代服务业为主体、战略性新兴产业为引领、先进制造业为支撑的现代产业体系初步形成，战略性新兴产业增加值占 GDP 的比重达到 23.8%。

- **青年就业创业支撑体系逐渐完善**

自 2018 年以来，上海持续推出一系列青年就业创业支持政策。通过实事项目的推进实施，促进青年就业创业工作力度进一步加大，服务对象覆盖面进一步扩大，形成全社会共同关心支持青年工作的良好局面，确保了本市就业局势，尤其是青年就业形势保持稳定。上海持续推出"启航"计划，根据本市长期失业青年的实际情况，提出了一系列针对性帮扶举措，即"一个专门的信息库、一支'启航导师'队伍、一套'启航'职业指导模式、一份针对性的'就业启航计划书'、一系列'启航'计划专项活动"，极大改善了青年长期失业现象。

- **系列综合性助企纾困稳增长政策助力经济复苏**

2022 年，上海于 3 月底、5 月底、9 月底先后制定出台抗疫助企"21 条"、经济恢复重振"50 条"、稳增长"22 条"三轮综合性助企纾困稳增长政策。市区两级出台实施细则近 500 项，其中市级层面出台政策细则 195 项，各区累计发布相关实施方案、申请指南、操作办法、行业指引等政策细则 301 项，在一网通办、随申办、企业服务云等平台同步推送和更新，实行免申即享、线上办理、精准推送等措施，确保各项政策高效直达市场主体。据测算，2022 年三轮政策叠加实施合计为各类市场主体减负超过 3000 亿元，助力全市经济经受住了疫情冲击的严峻考验，走出了"平稳开局、深度回落、快速反弹、持续恢复"的"V"形反转态势。

- **国际国内新商品集中亮相，本地消费市场得到充分激活**

上海举办 4 场全球新品首发季集中首发活动，320 多个国内外品牌举办首发主题日活动。近 90 项上海进口嗨购节进口商品特色活动及"丝路电商云品海购"活动，将来自世界各国的优质品牌及特色商品带入本地消费市场。举办 11 个上海制造佳品汇首秀品牌活动、上海老字号嘉年华、"聚优品 惠万家"活动，将上海 284 家老字号推出的百余款国潮新品，以及西藏日喀则、青海果洛州、安徽六安、福建三明等对口合作地区的 430 余种名特优商品和 1000 多个特色农产品集中引进交流。

- **消费节庆活动持续开展，新业态、新场景、新体验持续涌现**

以上海全球新品首发季为展示平台，60 多个国内外品牌和企业在张园和吴江路开设为期 1 周的限时快闪店。2023 年 5—6 月，上海新增各类首店 183 家，其中高能级首店（全球、亚洲、全国首店）19 家，占比达 10.4%。上海健康消费节、上海养老博览会等联系企业探索健康管理服务新模式及一站式养老消费新体验。上海夜生活节围绕水岸、街区、邻里推出 100 个夜生活好去处，发布 32 个上海夜生活节最佳实践案例。夜生活节开幕以来，夜间客流较 2022 年购物节同期增长 23.1%，线下夜间消费占比提高 5 个百分点，达到近三年最高点。系列消费和文化活动激发了各类企业探索新消费业态活力，丰富了人们的生活和消费体验。

- **电子消费券等多种刺激性措施促进惠民消费提升**

2022 年，上海投入 10 亿元财政资金发放"爱购上海"电子消费券，进一步完善了电子消费券的发放、结算参与系统，实现了政府服务民生的金融创新，并叠加发放数字人民币满减红包的活动，通过 7 家银行向市民发放数字人民币红包 70 万份，丰富了消费券活动的参与形式，扩大了参与范围。

- **多种形态时尚消费品产业支撑经济持续增长**

上海将时尚消费品产业作为新型产业体系的重要组成部分，在满足人民美好生活需要的同时，也助力城市经济可持续发展。上海瞄准前沿消费升级趋势与产业升级方向，聚焦服饰尚品、化妆美品、精致食品、运动优品、智能用品、生活佳品、工艺精品、数字潮品，围绕关键提升路径打造高质量创新供给体系，面向新需求推动产业品种、品质、品牌升级，响应终端消费者需求，实现了时尚消费品产业的持续迭代更新与升级。至 2021 年底，上海时尚消费品产业规模达到 4335.86 亿元，同比增长 9.9%。

重要措施

(1) 提升经济活力和韧性

● 积极落实国家重大战略任务

上海作为全国最大的经济中心城市，坚持把落实国家重大战略任务作为重中之重，勇当推进中国式现代化的开路先锋。近年来，上海着重加强重大改革开放先行先试，高质量落实中国（上海）自由贸易试验区临港新片区建设、设立科创板并试点注册制、推动长三角一体化发展、持续举办中国国际进口博览会等一批国家重大战略任务，推动出台并实施浦东综合改革试点方案、虹桥国际开放枢纽政策升级版等一批含金量高、突破性大的政策举措。此外，上海着重加强重大平台协同建设，聚焦创新型、服务型、开放型、总部型、流量型"五型经济"，着力实施全球营运商计划、大企业开放创新中心计划等，打造国际金融资产交易平台，建设一批专业贸易平台和国别商品交易中心。

● 强化"四大功能"，深化"五个中心"建设

上海着眼于构筑新发展阶段的战略优势，持续强化"四大功能"——全球资源配置功能、科技创新策源功能、高端产业引领功能和开放枢纽门户功能，激活经济发展活力，提升城市核心竞争力，在参与全球合作与竞争中增强城市影响力和话语权。上海通过强化"四大功能"，深化国际经济、国际金融、国际贸易、国际航运中心以及具有全球影响力的科技创新中心建设，打造"五个中心"功能升级版。上海以巩固和提升经济综合实力、要素资源配置能力、市场主体竞争力为途径，提高对资金、数据、技术、人才、货物等要素配置的全球影响力，建设能级更高的国际经济、金融、贸易、航运中心。上海坚持科技创新和制度创新双轮驱动，以提升基础研究能力和突破关键核心技术为主攻方向，疏通基础研究、应用研究和产业化双向链接的快车道，激发各类主体的创新动力和活力，努力成为科学新发现、技术新发明、产业新方向、发展新理念的重要策源地。上海主动顺应新一轮

科技革命和产业变革趋势，推进形成战略性新兴产业引领与传统产业数字化转型相互促进、先进制造业与现代服务业深度融合的高端产业集群。上海围绕更好促进国内国际两个市场、两种资源联动流通，着力强化开放窗口、枢纽节点、门户联通功能，着力推动规则、规制、管理、标准等制度型开放，促进更高水平开放型经济新体制形成。

图 6 洋山深水港四期全景

- **优化功能布局，塑造市域空间新格局**

上海围绕增强城市核心功能，强化空间载体保障，促进人口、土地等资源要素优化布局，科学配置交通和公共服务设施，加快形成"中心辐射、两翼齐飞、新城发力、南北转型"的空间新格局，促进市域发展格局重塑、整体优化。上海聚焦提升城市活力和品质，突出中央活动区核心功能，提升城市副中心和主城片区的综合服务与特色功能，不断增强集聚配置和服务辐射国内外高端资源要素的能力。上海大力实施新城发展战略，承接主城核心功能，按照产城融合、功能完备、职住平衡、生态宜居、交通便利的新一轮新城建设要求，把五个新城建设为长三角城市群中具有辐射带动作用的独立综合性节点城市，打造具有活力的重要增长极和新的战略支点。上海以临港新片区、张江科学城为核心加快东部开放创新功能板块建设，以虹桥商务区、长三角一体化示范区为核心加快西部绿色开放板块建设，依托轨道交通以及虹桥、浦东两大枢纽强化东西联系，延伸深化延安路—世纪大道发展轴，拓展"两翼齐飞"空间格局。上海牢牢把握国家沿海沿江铁路大通道建设机遇，加快南北功能布局调整升级，通过产业结构调整及土地更新利用为区域转型发展植入新功能、培育新产业、打造新的增长极。上海围绕世界级生态岛总目标，强化崇明三岛联动，大力实施以生态为核心的发展战略，打造全球典范。

● 持续推进各类重大项目与工程的投资建设

上海尤为重视重大项目的示范带动作用，近年来聚焦科技产业、社会民生等重点领域，着力推进一批具有全局性、引领性、标志性意义的项目。上海已经建立了每年推进实施一批重大建设项目的机制，涵盖科技产业、社会民生、生态文明、城市基础设施、城乡融合与乡村振兴等类型。2015年以来，每年的重大项目数量保持在百项左右的水平，2023年更是达到了191项。2018年7月10日，特斯拉公司决定在上海临港地区独资建设集研发、制造、销售等功能于一体的超级工厂，超级工厂2019年初动工并于年底建成，至2022年已经实现整车生产下线100万辆的产量。德国化工巨头巴斯夫将亚太地区最大的研发基地设在上海创新园，自2012年以来的总投资额近3亿欧元，分别于2015年、2019年、2023年完成三期扩建，三期包括开发聚合物回收技术、先进材料等领域可持续解决方案的项目[①]。在城市基础设施方面，上海近来大力推进上海东站"东方枢纽"建设，打造集航空、铁路、城市轨交等交通方式于一体，联动周边地区协同发展的功能片区。

> **案例1　上海东站综合枢纽建设[②]**
>
> 上海东站选址浦东新区祝桥镇，邻近上海浦东国际机场。按照此前规划，上海东站车场规模将按照14台30线进行规划控制，建成后将成为仅次于上海虹桥站的上海第二大铁路客运站。
>
> 未来，上海东站将接入沪通铁路和沪乍杭铁路，并可引入沪苏湖铁路、南/北沿江铁路等。同时，上海东站还将通过上海机场联络线与上海虹桥站连接，并接入两港快线（南汇支线）、铁路东西联络线等线路，搭建"5条市域线+2条市区线+多条局域线"的布局。在上海东站乘坐机场联络线，两站即可抵达上海浦东国际机场。浦东新区也将以浦东国际机场和上海东站为核心，打造比肩虹桥枢纽的东方枢纽。
>
> 东方枢纽计划将新增5000万人次/年的航空旅客吞吐能力，建成后将助力上海形成"西有虹桥枢纽、东有东方枢纽"的格局，成为连接长三角与全球的世界级交通枢纽。

[①] 钱童心：《10年研发投入近3亿欧元！巴斯夫上海创新园三期项目正式落成》，https://www.yicai.com/news/101793528.html。

[②]《东方枢纽上海东站：未来比肩虹桥》，《解放日报》2023年3月26日。

(2) 精准实施经济纾困与振兴

● **多举措促进企业主体全生命周期活力发展**

上海采取多种措施促进企业的培育与生长。上海近年来大力推行"线上办"服务模式，依托"一网通办"平台，不断优化市场主体登记等"一窗通"集成式开办服务，推进市场登记注册数字化整体转型，提高全程网办率，为申请人提供网上申报、网上签署、网上核准、网上发照等全流程无纸化在线服务，实现全程网办主体类型"全覆盖"、业务事项"全环节"、申请办理"全天候"。市经信委作为促进中小企业发展工作的主管部门，负责本市优质中小企业梯度培育工作的指导协调、统筹推进和监督检查，推动出台相关支持政策，组织各区中小企业主管部门开展优质中小企业培育工作。市战略性新兴产业领导小组办公室牵头负责上海市创新型企业总部的认定和管理，协调做好对创新型企业总部的支持保障工作。

● **实施大规模普惠性减税费降成本政策**

2022 年，上海市面对疫情期间经济发展困难，实施大规模增值税留抵退税，全年退还增值税 1256.9 亿元，受益企业超过 11.4 万户。(1) 实施普惠性减免，减免小微企业和个体工商户 6 个月国有房屋租金，对非国有房屋租金减免金额给予 30%资金补贴；(2) 实施组合式减税政策，为小型微利企业减免企业所得税，为小微市场主体减免"六税两费"，为疫情期间困难纳税人减免房产税、城镇土地使用税等；(3) 实施针对性补贴政策，给予非居民用户水费（含污水处理费）、电费、天然气费财政补贴，实施重点群体一次性吸纳就业补贴与困难行业企业稳岗补贴，对旅行社、A 级旅游景区、星级饭店、专业剧场等实施多项补贴政策；(4) 实施阶段性缓缴政策，采取免申即享方式将疫情期间纳税申报延期、实施阶段性缓缴社会保险费及扩围政策、住房公积金缓缴政策等。

案例2   上海实施国有房屋租金减免政策

2022 年，上海市推出承租本市国有企业房屋的小微企业和个体工商户全部减免2022年 6 个月房屋租金政策，并将政策受益面扩围至符合条件的民办非企业单位，2022 年为约 9.3 万户市场主体减免租金132.4 亿元。主要措施包括：

（1）加强组织领导，成立市国资委-市属国企、区国资系统统一领导，各市属国企、区属国企作为减租实施的主体，集团公司层面分管领导担任减租工作组组长的实施工作。

（2）制定完善政策。将民办托幼机构、运作困难的民办非企业单位、产权方为本市国有的停车场纳入免租范围，并明确具体操作方式、时间安排等。印发各项通知，明确在上海市内最终签约承租本市国有企业房屋从事生产经营活动的小微企业和个体工商户，无须提供证明材料，凭租赁合同等必要材料，经审核后，可以直接免除2022年6个月租金，其中2022年租期不满一年的按比例享受免租。发布《上海市国有企业房租减免操作指引》，进一步明确政策适用对象、完善操作口径，统一免租期限认定等工作，并在上海发布、一网通办、市国资委网站、新媒体平台等同步发布。

（3）加强宣传解读。市、区国资委、委托监管单位及相关国有企业公开政策咨询电话，设置专人专线，做好政策解释和重点诉求回应，全力做好热线接听工作。各企业集团通过网站、微信、微博发布免租公告，明确受理部门、联系方式和办理流程，方便承租人办理免租手续。本市国资系统积极回应社会关切，及时解答政策要点，确保政策宣传到位。

（4）加快推进进度。一是实行周报月督机制。每周统计减免完成情况，加强政策解读、解析典型案例，汇总咨询服务情况，通报工作进展，及时总结推广好经验、好做法，全力落实免租政策，把好事办好办实。二是加快进度推进。全市封控期间，各市属企业坚持"应免尽免，应免快免"，采取先行受理、初步预审、材料后补等方式加快推进进度。全市恢复正常运行后，相关企业分批分步推进减免工作，补签相关租金减免协议，加快推进各项工作进度。三是提前兑现政策。对符合条件的租户采取暂停催收房租，提前兑现政策，让租户真切感受到惠企政策的温暖。

● **举办扩投资、促消费、稳外资外贸专场活动**

上海积极举办各类扩投资、促消费、稳外资外贸专场活动。举办"潮涌浦江"投资上海全球分享季活动，实现签约重大项目597个、总投资9410亿元，重大项目开工296个、总投资6029亿元，发布金融授信5366亿元；2022年举办第三届"五五购物节"，分4批发放10亿元电子消费券，直接拉动消费杠杆率4倍左右。大力促进汽车消费，年内新增客车牌照额度4万个；对置换电动汽车给予每辆车1万元补贴，截至2022年底，受理补贴申请3.6万辆；发挥重大外资项目工作专班和重点外资企业专员服务机制作用，召开外资企业圆桌会议40余场，有效提振外资企业预期和信心。

● **优化资金、土地、人才、营商环境等要素保障政策**

上海进一步优化金融、土地、人才、营商环境等要素保障政策，保障疫情后经济平稳发展。在金融方面，运用无还本续贷、随借随还、延期还本付息等工具全力支持小微市场主体，截至 2022 年末，累计投放无缝续贷 10105.1 亿元。市中小微企业政策性融资担保基金减按 0.5%收取担保费，新增政策性融资担保贷款 831.5 亿元。在土地方面，优化土地出让条件，取消招挂复合打分制度，降低监管资金比例，全年全市土地使用权出让收入达到 3798.7 亿元。在人才方面，出台大力吸引集聚人才助推经济恢复重振的 12 条政策措施，实施人才特殊支持举措，优化高校毕业生、留学人员和国内人才引进落户政策。在营商环境方面，积极开展营商环境创新试点，实施 2022 年度优化营商环境 10 个重点事项，招募营商环境"体验官"100 名，着力为企业解决制约长期发展的急难愁盼问题。

(3) 多举措促进就业

- **积极扩大全社会就业容量**

上海采取多种措施稳定和扩大就业岗位，加大对吸纳就业能力强的行业企业扩岗政策支持。上海将重点工程、制造业重点产业链链主企业、重点民营企业等纳入本市重点企业用工服务范围，建立用工缺工企业清单，配备就业服务专员，实行"一企一策"定制化服务。上海支持金融机构开展稳岗扩岗服务和贷款业务，鼓励金融机构围绕"稳岗扩岗"，创新适合重点群体创业融资需求的金融产品和服务，满足小微企业合理融资需求。上海积极发挥创业带动就业倍增效应，实施重点群体创业推进计划，加强社区创业帮扶指导，针对性打造低成本、便利化、开放式社区创业空间，引导高校毕业生等重点群体创办投资少、风险小的创业项目，支持其在合规范围内参与夜经济、后备箱经济等特色经营。上海持续加大技能培训支持力度，给予职业培训补贴或职业技能提升补贴支持，支持企业开展学徒制培养。

- **加强困难人员就业帮扶与保障**

上海针对不同类型就业困难人员实行分类援助办法，提供"一人一档""一人一策"精细化服务。就业困难人员实现用人单位吸纳就业或灵活就业的，按规定给予社会保险补贴。上海规范公益性岗位开发管理，对通过市场渠道确实难以实现就业的，通过公益性岗位予以托底安置，确保零就业家庭至少一人就业。上海常态化开展失业人员再就业专项行动，加大对失业人员再就业帮扶力度。上海强化困难群众的基本生活保障，对符合条件的失业人员，做好失业保险金、代缴基本医疗保险费等常规性保生活待遇发放工作，对生活困难的失业群体按规定纳入最低生活保障、临时救助、困难帮扶等社会救助范围。

● **提升就业服务的综合水平**

上海积极推进就业服务工作的信息化水平建设，以数字赋能为支撑，持续优化经办流程，减环节、减材料、减时限，加快推进网上办理，推动更多政策直达快享、免申即享。上海加强公共就业招聘新平台建设，持续优化招聘信息汇集、劳动力资源供求趋势研判等功能，支持优质人力资源机构入驻平台。上海积极推进基层就业服务能力建设，支持各区充分挖掘区域就业服务资源，聚焦高校毕业生、就业困难人员等重点群体，将就业服务作为"15 分钟社区生活圈"优先建设内容，打造"15 分钟就业服务圈"。此外，上海积极充实社区基层就业服务队伍，加大对基层就业服务工作人员的业务培训和带教培养，提升基层就业服务能力。

● **完善青年就业与职业发展服务体系**

上海积极拓宽渠道促进高校毕业生等青年就业创业。上海对招用高校应届毕业生、离校两年内未就业毕业生、在本市登记失业的 16—24 岁青年的本市用人单位给予一定的补贴或补助。上海鼓励国有企业扩大针对高校应届毕业生的招聘规模，在沪市属和区属国有企业要在年度招聘计划中安排不低于 50%的就业岗位，面向本市高校毕业生定向招聘。上海各区公共就业服务机构会同共青团组织，会同青少年事务社工机构，在社会上聘用熟悉青年情况、了解职场需求、具备较强沟通能力的机关事业单位干部、企业经理、人事主管、专家学者、居（村）委会干部等人员，建立了"启航导师"队伍。各区公共就业服务机构落实专人与长期失业青年共同制订一份切实可行的"就业启航计划书"，根据青年个体的具体情况，综合运用就业见习政策、就业困难人员帮扶政策、灵活就业社会保险费补贴政策等工具提升其就业竞争力。

案例3 徐汇区帮助长期失业青年实现就业创业

徐汇区近年来加大对长期失业青年促进就业的工作力度，开拓新思路，探索新方法，形成了涵盖职业指导、职业介绍、就业训练、政策激励等多层次、多渠道、全方位的就业服务体系。

主要措施包括：（1）定制化服务更贴心。徐汇区打造了"乐业职业指导工作室"服务品牌，秉持"使命践初心、温度暖服务、专业促就业"的服务理念，为劳动者提供个性、多样、专业的职业指导。（2）供需对接更精准。徐汇区深耕招聘服务，不仅大力挖掘适合长期失业青年就业特点的就业岗位及见习岗位，还建立了重点人群职业介绍工作组，"专人专项专岗"精准对接，为企业招人才，为人才找岗位。（3）专业训练更有效。徐汇区创建了特色就业服务项目"青年乐业起点就业成长营"，创新采用"1+3"工作模式（"一名学员"自助+"三方专业力量"相助），通过"乐业上海"专家志愿团专家结对帮扶、职业指导师全程跟踪服务、职业介绍专员针对性岗位推荐，多措并举帮助长期失业青年提升就业能力，顺利踏入职场。（4）政策落地更有声。徐汇区就区域长期失业青年实现就业出台了"灵活就业社会保险费补贴""吸纳重点群体一次性就业补贴"等一系列激励政策，并通过"云课堂"线上系列宣讲、组织街镇开展促进就业专场政策宣讲等活动持续加力，通过对区域长期失业青年的调查排摸，以实际需求为导向，落实各项帮扶举措，让更多的劳动者享受到政策保障。

图 7 "乐业指导工作室"为劳动者提供一对一指导

(4) 刺激与发展消费

● **规范消费行业发展，引领消费发展新趋势**

上海以专场行业活动为契机，通过规范行业标准，持续推动行业高质量发展。上海咖啡文化周举办《咖啡师国家职业技能标准》国家教材主编主审受聘仪式，推动中国咖啡人才标准走向统一化、系统化、专业化。钻石珠宝文化节发布《贵金属、珠宝玉石饰品消费者权益保护合规指引》团体标准，进一步规范钻石珠宝消费市场，提振市场消费信心。首发《上海援青"沪果优品"流通销售标准指南》，推动果洛农产品标准化生产，提升市场竞争力。市场监管局发布了《绿色餐厅管理规范》地方标准，推出第三批共 238 家上海市五星级、四星级消费维权联络点（站），累计达 477 个。

上海注重发布各类发展指数、报告和榜单，引导消费发展新趋势。全球新品首发季发布 2022 年度"上海市首发经济活跃指数"，指数 87.7，好于 2021 年，凸显首发经济发展韧劲。钻石珠宝节发布"上海钻石价格指数"，实时反映中国钻石消费市场价格变化趋势。发布全市 12 个重点商圈"上海购物"诚信指数。新华社发布《2023 全球消费中心城市发展报告》，第一财经发布"中国城市夜间经济指数"，引领各行业发展趋势。

● **优化管理与服务制度，鼓励企业创新探索消费新场景**

上海市商务委等 7 部门联合制定《上海市优化首发经济营商环境建立"营销活动报批一件事"制度实施方案》，建立"一网办理、一窗受理"制度，着力优化营商环境。市文化旅游局牵头编制《上海市帐篷露营地管理指引》，促进"露营+"新消费场景规范发展。

上海启动 2023 年首届上海商业创新奖评选，鼓励各类企业积极开展商业创新项目。实施商业数字化转型伙伴行动计划，拼多多、美团、饿了么、盒马、珍岛、微盟、宝尊等服务伙伴企业，依托服务伙伴的数字化转型实务经验，建立了面向中小企业的普惠性解决方案和产品名录机制，助力中小企业数字化转型。创新全市最大的露天夜市"泗泾夜市"管理机制，通过镇政府统筹规划、各部门协同推进、运营主体推动实施及各商户自治管理形成四方合力，既保留"烟火气"，又提升了管理效率。

> **案例4　上海开展多元化新业态城市消费活动**
>
> 2023 年，上海通过开展各类新业态城市消费活动，激发市民消费热情，鼓励商家开展对新业态、新消费体验和新消费场景的持续探索，进一步激活消费市场。
>
> 开展专题消费文化活动引领行业发展。上海咖啡文化周举办浦江沿岸最大规模的"西岸国际咖啡生活节"，绵延徐汇滨江 5 千米，集聚超百家咖啡品牌，4 天共接待市民游客 73 万人次；全市 11 个区开展了精彩纷呈的咖啡文化活动。上海绿色消费季打造可持续市集、可持续艺术连廊及可持续露台，引领绿色低碳生活潮流。上海双品网购节暨数字生活节围绕数字生活、智慧商圈、数商兴农等新场景，60 余家电商平台、品牌企业、市直播电商基地以及线下商圈等推出 88 项促销活动。
>
> 结合各区人气商圈、特色绿地进行户外空间探索。闵行浦江郊野公园、宝山中成智谷

园区举办室外新能源汽车市集,释放汽车消费活力。百联股份在百年建筑衍庆里打造"里弄时装秀",融合屋顶露台市集创意展示国内外设计师品牌服装。青浦蟠龙天地依托千年古镇和江南水乡,在23万平方米绿地中引入马场、滑板公园、棒球运动公园等户外健康体验业态,打造绿色"微度假"新目的地。

联合各区品牌企业探索商业新业态。崇明好物旗舰店开业,推出50个崇明自主品牌数百款优质产品。茂昌眼镜一九二三镜界概念店,打造"眼镜+咖啡"时尚复合业态。美团买药与华氏药房联手打造首家"24小时智慧药房",以"互联网+自助药柜"形式满足市民便捷用药需求。第一医药MMC健康便利店引入慢病管理解决方案。

图8　上海积极探索消费场景新体验

● **多渠道精准发放电子消费券,探索支付惠民新模式**

上海首设公共服务平台,通过建设电子消费券管理信息系统,发挥报名、摇号、发放、汇总、核销等方面的信息管理中枢作用,实现发券平台对接、交易信息汇总、活动数据分析等功能,在全国率先实现了发券平台之间的互联互通。在"爱购上海"消费券发放过程中,公共服务平台负责集中向三大发券平台输出资金结算及退款对账能力,做到了资金统一管理、规则统一可控、系统标准对接。公共服务平台及各发券平台系统运行稳定、用户体验顺畅,未出现系统风险和不良舆情。上海引入主流支付平台参与发券,精准触达消费人群。通过公开遴选的方式，由支付宝、微信、云闪付三家支付机构发放消费券，覆盖面广、便利度高，对消费券核销起到良好的促进作用。采用"在线报名、摇号中签"方式，报名消费者不分先后均可公平参与，更好体现公平性。老年人亦可通过子女手机代报名，尽可能多地覆盖广大市民。

● **积极推动时尚消费高质量发展**

时尚消费品是遵循人民群众对美好生活的向往，以科技、时尚、绿色为特征的生活消费产品和服务，是上海"3+6"新型产业体系的重要组成部分。上海把握新发展阶段制造业高质量发展导向和消费多元化机遇，发挥上海消费品产业底蕴深厚、消费市场成熟、资源配置高效等优势，将时尚消费品产业作为满足消费新需求、塑造时尚新名片、激发产业新活力的重要发力点，坚持时尚生活方式与消费品产业互为促进，以新赛道促进产业提质扩容，以新标准塑造城市时尚形象，以新供给创造多元消费场景。例如，上海近年来通过打造时装周平台，推动时装消费绿色发展；通过打造体育消费节，赋能运动时尚消费产业发展。此外，上海近年来积极把握数字技术快速发展的机遇，鼓励消费产业构建数字生活新场景，为市民提供更加美好的智能生活体验。上海近年来连续举办了数字生活节，2022年的主题为"数字新消费，点亮新生活"，2023年的主题为"数字消费，爱购上海"，围绕新场景、新体验、新生态，发动电商平台、商圈商场、品牌企业等市场主体共同参与，以优质供给引领创造消费需求，打造消费新体验，激发消费新活力。

案例5　"自然创造可能"上海时装周×SORONA项目

上海自2003年开始打造"上海时装周"品牌和平台，形成了每年两季（秋冬季、春夏季）定期举办的模式。上海时装周作为中国原创设计发展推广的最优化交流平台，是带动中国时尚产业发展和城市软实力提升不可或缺的重要助推器。上海时装周充分发挥平台优势，打破行业上下游壁垒，积极引导并促成处于产业前端的服装材料研发企业与设计师品牌对接，持续推动多方合作共创。上海时装周在每年活动期间举办两次、非活动期间举办至少一次可持续时尚专题活动。活动策划贯彻可持续理念，与艺术家合作采用废弃回收物品作为展陈装置，并通过使用可回收材料践行环保理念。平台甄选可应用于日常生活的可持续设计产品，为消费者带来可触碰、可体验、可消费的绿色时尚，引导消费者选择绿色产品。

通过上海时装周平台，促成生物基合成纤维SORONA和时尚机能品牌TRICKCOO达成合作，通过时装新品发布秀和静态展陈等多种形式，将"环保新材料—创新面料—时尚产品—生活方式"的链路打通，共创可持续时尚生态。

主要做法包括：（1）新品发布：在2023秋冬上海时装周新天地作品发布，时尚机能品牌TRICKCOO携手SORONA推出2023秋冬系列作品，秀款系列中面料运用的SORONA生物基原料，其核心原料来自每年可重复生长的植物资源，和尼龙相比，制程降低了37%的石油资源消耗，节省了30%的能源使用，并减少了50%的温室效应气体排放，有效帮助行业减少了对石油化学产品的依赖。（2）展览展陈：在2023秋冬MODE上海服装服饰展，环保生物基原材料SORONA与优选面料客户HAOLISHI联合推出主题展陈，用环保科技语言展示城市户外运动之美，在材料、面料与品牌的"多元共创"之下，实现场景细分、体验升级，进一步探索满足中国市场需要的城市户外生活方式。

案例成效：通过案例实践实现从产业链上游材料端到时尚品牌产品设计研发生产到订货销售的全链路协同，为打造可持续时尚闭环生态链创造了全新范式。

通过线上、线下传播实现了对行业人士和C端消费群体的全方位覆盖，大力推广了可持续时尚理念。项目线上浏览总量达到5207596人次，上海时装周官方抖音直播吸引94万观众进入直播间，ICS上海外语频道、《文汇报》、China Daily等政务类媒体以及各大时尚类、行业类、大众类媒体进行了宣传报道。

图9　上海时装周可持续时尚展览

SDG9 产业、创新和基础设施

SDG9

- SDG9 产业、创新和基础设施，致力于建造具备抵御灾害能力的基础设施，促进具有包容性的可持续工业化，推动创新。通过该目标的实践，能够有效释放经济活力，提高经济竞争力，引进和推广新技术，提高资源利用效率。

- 当前，上海的创新发展动能还需进一步加强，科技创新关键领域的核心技术突破任重道远，产业链、供应链的稳定性和竞争力亟待提高。

- 在 SDG9 目标下，上海紧紧把握时代发展的最新态势，积极布局新赛道，打造面向未来的新型产业集群。上海尤其重视产业和基础设施绿色化发展，以更好地实现碳达峰、碳中和的目标。上海还积极推进城市数字化转型，构建更加智慧的设施、产业、生活、治理体系。上海致力于通过建设具有全球影响力的科技创新中心，推动经济社会高质量发展、提升城市能级和核心竞争力。

SDG 9

响应框架

重要措施	具体领域	典型案例	关键指标	SDG9目标响应
夯实现代化产业体系	构建新型产业体系		▶战略性新兴产业增加值增长率 ▶新增科技小巨人企业和小巨人培育企业	9.b 支持发展中国家的国内技术开发、研究与创新，包括提供有利的政策环境，以实现工业多样化，增加商品附加值
	推动传统产业升级			
	推动新赛道和未来产业布局	上海培育"元宇宙"新赛道产业高地建设行动		
绿色化发展	构建碳达峰、碳中和政策体系	黄浦区创建低碳城区	▶单位生产总值能耗 ▶细颗粒物（PM2.5）年均浓度 ▶海上风电装机容量 ▶新能源汽车推广数量	9.4 到2030年，所有国家根据自身能力采取行动，升级基础设施，改进工业以提升其可持续性，提高资源使用效率，更多采用清洁和环保技术及产业流程
	绿色低碳产业发展	上海申能集团布局氢能全产业链		
	全面推进海上风电建设	奉贤海上风电项目		
	崇明世界级生态岛建设			
城市数字化转型	数字基础设施建设			9.1 发展优质、可靠、可持续和有抵御灾害能力的基础设施，包括区域和跨境基础设施，以支持经济发展和提升人类福祉，重点是人人可负担得起并公平利用上述基础设施
	数字经济创新体系			
	数字生活服务体系			
	数字治理综合能力	上海探索"数字治理"新范式		
具有世界影响力的科创中心建设	大力布局重大科技基础设施		▶研究与试验发展(R&D)经费占GDP比例 ▶年内新认定高新技术企业数量	9.5 在所有国家，特别是发展中国家，加强科学研究，提升工业部门的技术能力，包括到2030年，鼓励创新，大幅增加每100万人口中的研发人员数量，并增加公共和私人研发支出
	重点推进基础研究领域发展			
	成立上海市知识产权保护中心			
	设立世界顶尖科学家协会奖			

关键指标

↘ 研究与试验发展(R&D)经费占GDP比例（%）

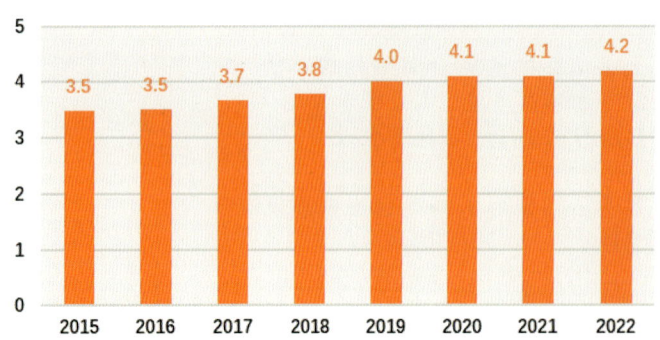

2015—2022年，研究与试验发展(R&D)经费占GDP比例从**3.5%**增长至**4.2%**。

↘ 年内新认定高新技术企业（家）

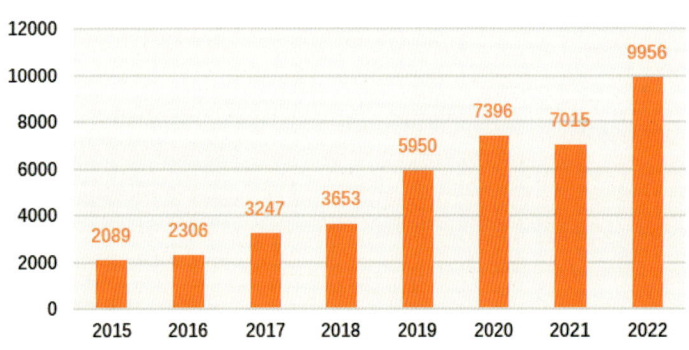

2022年，有效期内高新技术企业数突破**2.2万家**。

↘ 战略性新兴产业增加值增长率（%）

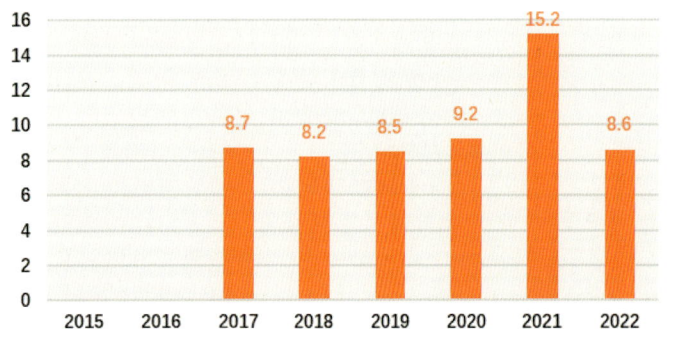

2022年，新能源、高端装备、生物、新材料等战略性新兴产业增加值10641.19亿元，占上海市生产总值的比重为**23.8%**。

↘ 新增科技小巨人企业和小巨人培育企业（家）

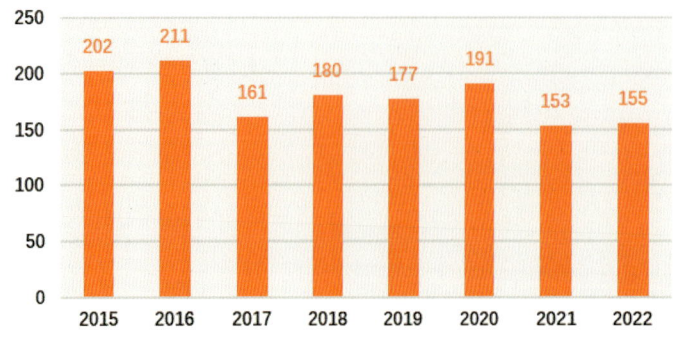

2022年，全市科技"小巨人"企业和"小巨人"培育企业累计超**2600家**。

↘ 单位生产总值能耗（吨标准煤/万元）

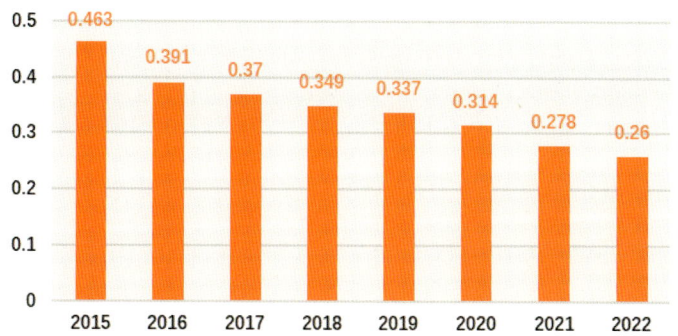

2015—2022 年，单位生产总值能耗降低 **43.8%**。

↘ 细颗粒物（PM2.5）年均浓度（微克/立方米）

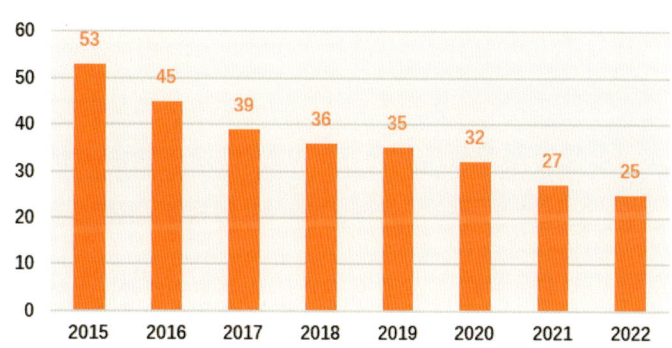

2015—2022 年，细颗粒物（PM2.5）年均浓度降低 **52.8%**。

↘ 海上风电装机容量（万千瓦）

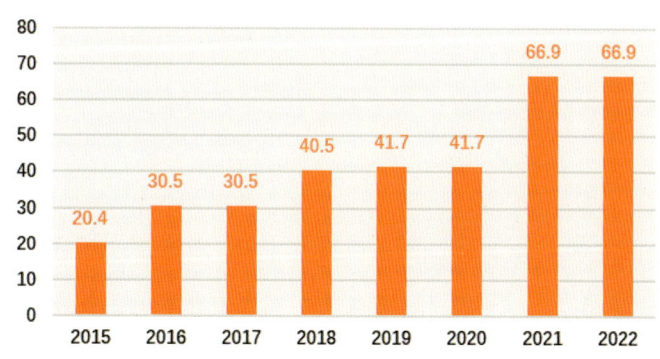

2015—2022 年，海上风电装机容量增长 **228%**。

↘ 新能源汽车推广数量（万辆）

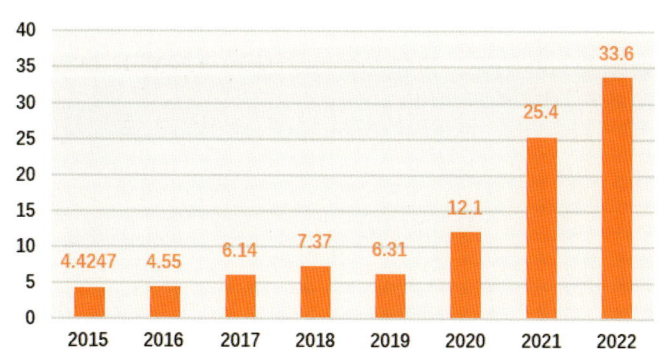

2015—2022 年，新能源汽车推广数量增长 **659%**。

主要进展

- **先导产业和重点产业体系初步建立**

上海已经初步构建了由集成电路、生物医药、人工智能三大先导产业和电子信息、生命健康、新能源与智能汽车、高端装备、新材料、现代消费品六大重点产业构成的新型产业体系。近 10 年来，6 个重点工业产值始终保持在 2 万亿元以上；从产业链环节角度，产业链环节日趋完善，如 C919 国产化率超过了 60%，仅航空发动机等关键配套还依赖进口；从产业发展质量角度，国际业务不断拓展，上汽、上海电气等企业的国际业务收入占营业收入比重已超过 5%；从产业创新角度，上海在科技集群前 100 位中排名第九。[①]

- **碳交易体系逐步完善**

上海碳市场陆续纳入钢铁、化工、航空等主要碳排放行业，共计 27 个，包含 300 多家企业和 860 多家机构投资者。截至 2022 年 9 月 5 日，上海碳市场配额现货品种累计成交量近 2.2 亿吨，累计成交金额超 32 亿元。从全国来看，上海碳市场总体交易规模始终位居前列，CCER（中国核证减排量）交易规模一直排名第一。2021 年 7 月，全国碳排放交易市场正式启动，这意味着中国超越了欧盟，成为全球最大的碳市场，上海则在其中承担了交易中心的角色。

- **绿色金融工具不断创新**

上海在绿色金融产品开发、绿色金融业务创新、重点机构和平台引进等方面走在全国前列。以绿色债券为例，国内多只"首单"绿色债券产品都落地上海，包括首单绿色可交换公司债券、首单绿色市政专项债券、首单应对气候变化专题"债券通"绿色金融债券、首单"碳中和"专题"债券通"绿色金融债券等。据统计，2021 年，上海证券业参与各项绿色债券发行规模逾 606 亿元，交易规模逾 700 亿元，承销海外绿色债券金额逾 113 亿美元，绿色投融资金额逾 132 亿元。2022 年 7 月 1 日，上海再次率先立法，《上海市浦东新区绿色

[①] 上海市人民政府发展研究中心：《上海"3+6"产业体系重构升级与构筑产业发展新优势研究》，https://www.fzzx.sh.gov.cn/zdkt_2021/20220729/25ed9c9e2c874eeb941f620d207e3550.html。

金融发展若干规定》正式施行，是国内在金融领域运用立法变通权的首次尝试。[1]

- **绿色制造体系初步建立**

2022 年，上海市 413 家重点用能单位均已建立能源管理体系，已评定市级绿色工厂、绿色供应链、绿色园区、绿色设计产品等超过 200 个。例如，全球第一大钢铁企业中国宝武，在吴淞创新城打造了碳中和产业园，谋求绿色转型——对外，他们主动开发碳数据管理平台、碳资产管理平台，加入碳交易市场平台，积极运用碳金融帮助企业转型；对内，他们需要推动技术升级，使用更加低碳的生产工艺，优化能源结构，保证能源总消耗量在规定配额之内。"十二五"至"十三五"期间，上海市单位工业增加值能耗已从 2010 年的 0.91 吨标准煤每万元，降至 2020 年的 0.59 吨标准煤每万元，累计下降近 35%，发电煤耗、吨钢综合能耗、芯片单耗、乘用车单耗等指标达到国内领先水平。[2]

- **城市数字化转型成效明显**

上海推动城市数字化转型，通过平台赋能和龙头企业引领，发挥经济拉动作用，2021 年企业互联网业务累计收入同比增速达 35%，电子商务交易额达到 3.24 万亿元，处在全国首位；通过高频的应用，体现城市数字化转型的作用，提供便捷化就医、智慧停车、数字文旅等智慧化服务；2021 年在省级政府网上政务能力评估中，上海名列全国第一，"一网通办"成为上海政务服务的金字招牌，一网统管应用场景不断创新、丰富，公共数据开放成为上海城市数字化转型的新名片；上海是率先建成双千兆宽带的第一城，算力规模在全国处在领先位置，以人工智能、区块链等新兴技术为代表的技术创新成果越发明显。[3]

- **科技创新竞争力持续增强**

2022 年，上海全社会研发经费支出相当于 GDP 的比例预计达到 4.2%左右，每万人口

---

[1] 吴丹璐：《用更少碳办更多事,十年时间上海 GDP 翻了 2.5 倍,单位能耗却降超 50%》，https://www.jfdaily.com/news/detail?id=527608。

[2] 吴丹璐：《用更少碳办更多事,十年时间上海 GDP 翻了 2.5 倍,单位能耗却降超 50%》，https://www.jfdaily.com/news/detail?id=527608。

[3] 《<上海城市数字化转型发展报告>首发"六度"发展模型》，https://www.chinanews.com.cn/cj/2022/08-25/9836470.shtml。

高价值发明专利拥有量达到 40 件左右，还有一批新的重大科技成果问世，比如首台国产质子治疗装置、全球首创糖尿病新药、"福建号"航母在上海下水、梦天实验舱等，这些都凝聚了大量的上海智慧。上海一直大力支持企业创新发展，2022 年落实相关财税政策所涉及的资金规模超过 920 亿元，有近 5 万家企业受益。

- 世界级大科学设施集群初步成型

上海拥有 14 个在建、在用的国家重大科技基础设施，覆盖光子科学、生命科学、海洋科学、能源科学等领域，不仅在设施数量、投资金额和建设进度上全国领先，还在若干领域实现首创独有。其中，在张江科学城，就有上海光源、蛋白质上海设施、超强超短激光装置、软 X 射线自由电子激光装置和硬 X 射线自由电子激光装置等 8 个大科学设施，初步形成我国乃至世界上规模最大、种类最全、功能最强的光子大科学设施集群。①

重要措施

(1) 夯实现代化产业体系

- 构建新型产业体系

上海着力打通产业链、供应链堵点，引领业态模式创新，打造一批世界级的新兴产业集群，不断完善由三大先导产业和六大重点产业构成的新型产业体系。上海着力发挥三大先导产业引领作用，集合精锐力量，落实集成电路、生物医药、人工智能三个"上海方案"，建设世界级产业集群；推动制造向服务延伸发展，提升电子信息、生命健康、汽车、高端装备、先进材料、时尚消费品六大重点产业对全市经济发展的支撑作用。上海已经在此基础上推动形成了一批标志性产业链，例如，在民用航空领域，上海具备了组装国产大飞机C919 的能力；在高技术船舶制造领域，上海具备建造航空母舰、大型邮轮、LNG 的能力②。

---

① 《聚焦"大科学"跑出"加速度"》，《解放日报》2022 年 6 月 20 日。
② 《"2+3+6+4+5"：龚正详解上海产业密码》，上观新闻，https://www.shobserver.com/staticsg/res/html/web/newsDetail.html?id=573024&sid=67。

图 10　C919 大飞机①

- **推动传统产业升级**

上海大力推动传统产业升级，强化技术主导，推动数字化、绿色低碳两大转型，实现数字技术深度赋能传统产业，鼓励钢铁、化工、电力等传统产业实现绿色化改造。上海致力于构建高端引领的数字经济创新体系，推动经济存量增效、增量创新、流量赋能、质量引领，形成转型发展的全新动能，打造具有全球竞争力的数字经济高地。上海市于2022年发布了《上海市碳达峰实施方案》，将碳达峰的战略导向和目标要求贯穿于经济社会发展的全过程和各方面，在加强统筹谋划的同时，组织实施"碳达峰十大行动"。

- **推动新赛道产业和未来产业布局**

上海大力推动新赛道产业和未来产业布局，抢占数字经济、绿色低碳、元宇宙、智能终端四大新赛道，布局未来健康、未来智能、未来能源、未来空间、未来材料五大未来产业。上海市于2022年11月发布《上海打造未来产业创新高地发展壮大未来产业集群行动方案》，为建设五大未来产业提供了详细指南。在未来健康产业集群，上海聚焦脑机接口、

---

① 《全球首架国产大飞机 C919 正式交付》，https://www.shanghai.gov.cn/nw31406/20221212/dc1986300db64c99b01f0fbf89eaf3ce.html。

生物安全、合成生物、基因和细胞治疗等方向；在未来智能产业集群，上海聚焦智能计算、通用 AI、扩展现实（XR）、量子科技、6G 技术等方向；在未来能源产业集群，上海聚焦先进核能、新型储能等方向；在未来空间产业集群，上海聚焦深海探采、空天利用等方向；在未来材料产业集群，上海聚焦高端膜材料、高性能复合材料、非硅基芯材料等方向。

图 11 紫竹高新区

案例6 上海培育"元宇宙"新赛道产业高地建设行动①

1. 关键技术。突破关键前沿技术。聚焦空间计算、全息光场、五感提升、脑机接口等方向，突破人机交互瓶颈。加快微型有机发光显示（Micro-OLED）、微型发光显示（Micro-LED）等新型显示技术研发应用。聚焦光波导、光纤扫描等近眼显示技术和柔性、类肤等新材料，提升沉浸交互体验。提升计算平台效能，推动图形处理器（GPU）、专用集成电路（ASIC）、可编程逻辑阵列（FPGA）等计算芯片和 RISC-V 指令集架构芯片的研发。强化大尺寸图像压缩、实时图形渲染、资源动态调度等计算技术研发。加强算法创新与应用，加快对抗生成网络、超大规模预训练模型等技术在图形引擎、动态建模、数字孪生等领域的融合应用。

2. 基础设施。超前布局未来网络，加快推进"双千兆"网络建设，培育 5G+、6G、卫星互联网、Wi-Fi7、IPv6 等未来网络生态。加大计算能力支撑力度，推动云边一体布局、算力自由调配、云端实时渲染的新型云计算和边缘计算平台发展，培育基于容器化、开发运维一体化等技术的云原生应用。加快发展人工智能即服务，依托大规模公共算力集群建设，全面推进人工智能产业化、规模化应用。发展区块链应用，探索 Web3.0 技术研发和生

---

① 《上海市培育"元宇宙"新赛道行动方案（2022—2025 年）》。

态化发展，推动分布式存储、可信认证、隐私计算、智能合约等融合应用。

3.交互终端。加快发展虚拟现实终端，支持虚拟现实一体机、PC 虚拟现实设备等技术升级，面向娱乐社交、沉浸影音、教育培训等领域培育差异化终端产品。迭代升级增强现实终端，推动增强现实、混合现实终端向低功耗、小体积、大视角、可变景深方向发展，加强从底层到应用全链条布局，培育增强现实、混合现实消费级产品及行业级解决方案。着力突破全息显示及体感终端，支持浮空投影、裸眼 3D、空间成像等全息显示技术研发及产业化，推动体感设备向低成本、高性能演化。

4.数字工具。发展关键基础软件，面向智能终端和云边协同设备，支持开发具备云端实时渲染、分布式内存计算、轻量级容器管理等功能的智能操作系统和中间件。突破数字生产工具，集中攻关三维图形图像引擎、数字建模、数字设计、数字人生成等"元宇宙"关键生产力工具，提升核心软件和行业平台供给能力。培育集成解决方案，围绕重点行业应用需求，着力发展城市信息模型、建筑信息建模、数字孪生、数字沙盘仿真等行业级解决方案。

(2) 绿色化发展

● **构建碳达峰、碳中和政策体系**

上海构建碳达峰、碳中和"1+N"政策体系，印发了《上海市关于完整准确全面贯彻新发展理念做好碳达峰碳中和工作的实施意见》和《上海市碳达峰实施方案》。相关部门制定出台了能源、工业、新基建、建筑、交通、"一岛一企"（崇明岛和宝武集团）、重点区域等 8 个重点领域碳达峰实施方案，以及科技、氢能、绿色金融、价格、教育培训等 15 个支撑保障方案。大力发展非化石能源，全面实施"光伏+"工程，加快推进奉贤、南汇和金山三大海域风电开发，积极发展深远海风电。深入推进产业绿色低碳转型，重点培育绿色低碳前沿技术、高端装备等 10 条子赛道，推动氢能产业高质量发展。提高新建筑绿色低碳门槛，加大推行超低能耗建筑力度。"十四五"期间落实超低能耗建筑不少于 800 万平方米。推广低碳交通运输工具和绿色基础设施，积极推广新能源车辆应用，到 2025 年，公交车、巡游出租车新增或更新车辆原则上全部使用新能源汽车，燃料电池汽车应用总量突破 1 万辆，个人新增购置车辆中纯电动车辆占比超过 50%。

案例7　黄浦区创建低碳城区

黄浦区形成了"1+1+N"的"双碳"政策体系、"查""减""增""核""评"的"双碳"闭环工作体系，出台重点用能单位节能降碳管理办法将重点用能单位范围从年综合能耗5000吨标准煤扩大到3000吨标准煤，并将区内290余幢重点建筑楼宇纳入监控范围，加强节能降碳管理。完善节能减排降碳专项资金管理办法，扶持支持由九大类提升至14类，2020—2022年，项目扶持的企业超100家，节能量超万吨标准煤，以政府扶持资金引导带动社会资本投入近2.5亿元。开展建筑能耗数字化管理，黄浦区能耗实时监测平台接入了290幢建筑，建筑面积达1200万平方米，年监测用电量达10亿千瓦时，分项计量数据正常率达90%以上，楼宇数量和数据质量均位列全市首位。同时，率先实施超过30幢楼宇水、电、气全能源计量。

扎实推进建筑能效提升。已累计完成日月光、来福士广场等重点既有建筑节能改造250余项，建筑面积达500万平方米。其中新世界城获得蓝天杯高效机房，上海音乐厅、香港新世界、上海大剧院等一批改造项目获得既有建筑绿色更新改造铂金奖和金奖，斯格威大酒店获得能效金牌"领跑者"称号。

打造电力需求响应降碳范式。通过三年建设，覆盖商业建筑达到130幢（627万平方米），拓展了居民社区、电动车充电平台多元化响应资源，实现了约60兆瓦商业建筑需求响应资源开发。作为上海电力需求响应日常调度常规资源，累计调度超过2000幢次，峰值负荷管理调节能力超过20%。经过中国电机工程协会组织院士专家鉴定，达到国际领先水平。

图12　黄浦区大型公共建筑能效提升管理平台

● 绿色低碳产业发展

2013年，上海率先发布碳排放管理试行办法，规范碳交易市场运行。绿色低碳发展载入《上海市环境保护条例》，推动减污降碳协同增效。《加快发展方式绿色转型条例》《上海市碳排放管理试行办法》修订中，为低碳发展提供法律保障。上海碳排放交易市场包括钢铁、电力、化工、航空、水运、建筑、数据中心等300余家企业和1000多家投资机构，成交量居全国前列，自愿减排连续9年100%履约。质押业务融资额达5714万元，碳资产达193万吨。制订《上海市碳监测评估试点工作方案》，设立7个温室气体监测站和1个背景监测站，覆盖钢铁、电力、垃圾处理等行业，探索全市碳排放核算校验体系。参与碳排放监测标准规范申报，多项标准获立项。推动35个低碳实践区和56个低碳社区试点示范，如杨浦滨江转型、闵行"零碳示范园区"建设、黄浦打浦桥街道蒙西社区低碳花园。

案例8 上海申能集团布局氢能全产业链

在能源低碳转型成为全球共识的当下，氢能是助力实现"双碳"目标的重要零碳能源，氢能产业已成为我国能源战略的重要组成部分。面对这一全新赛道，申能集团提早起步，实施"三纵三横"氢能发展战略，在氢能发展的"制—储—运—加—用"等关键环节都进行了前瞻性布局，形成氢能上中下游高端制造产业集群，构建具有申能特色的氢能全产业链，助力我国氢能尽快实现产业化发展、规模化应用。

"三纵"着眼高端制造领域，布局氢气制备、储运设备、燃料电池三大产品，形成氢能上中下游高端制造产业集群，助力打通科技成果转化的"最后一公里"。"三横"聚焦应用场景，推动三大纵向产品在示范应用场景落地，实现氢能应用完整商业闭环。第一横，申能将立足上海，打造包含氢源基地、加氢站、碳中和示范园区等优质项目的氢能基地。第二横，申能将选取全国具有先发优势的区域，与当地政企合力打造氢能综合应用基地。第三横，依托申能系产品的整合联动优势，多手段、多渠道打造多元应用场景，带动产业链发展。申能抓住机遇，前瞻布局氢能全产业链，探索氢能创新产业模式，在资金、资源等方面充分支持氢能核心部件企业，助力这些"小巨人"企业持续突破"卡脖子"环节，以实际行动践行国家和上海"双碳"目标愿景的责任担当。申能与液空中国等投资的上海氢源保障基地项目充装能力24吨/天，可满足长三角区域20个加氢站的用氢需求，将成为华东地区最大的燃料电池汽车氢源供应项目。

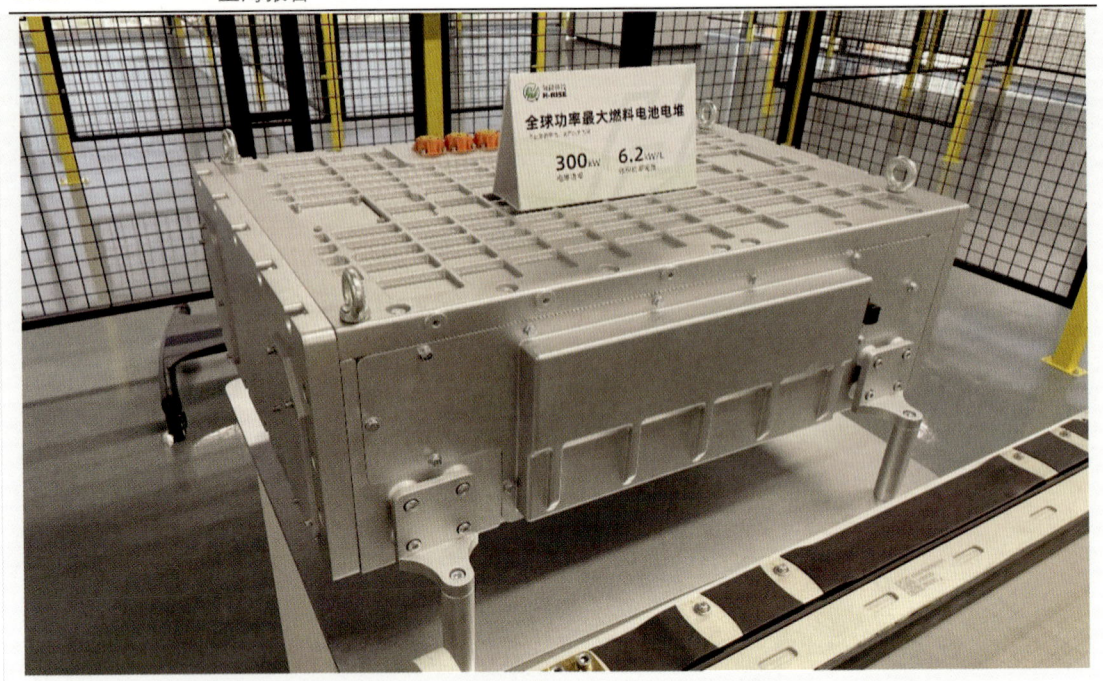

图13　上海氢晨在2022年8月发布全球最大单堆300千瓦大功率燃料电池电堆

● **全面推进海上风电建设**

上海从规划设计、开发主体选择、项目服务三方面推进海上风电建设。先后发布《上海市能源发展"十四五"规划》《上海市能源电力领域碳达峰实施方案》《上海市海上风电发展规划》，进一步明确近远海风电开发时序，有助于突破市内海洋资源有限的瓶颈，推动风电开发由近海迈向深远海。2019年率先通过竞争配置确定了海上风电项目开发单位，2022年以来通过竞争配置陆续确定了5个杭州湾近海风电项目开发单位。发展改革、军民融合、规划资源、海洋管理、海事管理、电网企业等单位联合成立工作专班，围绕涉军沟通协调、用地用海审批、电缆送出工程等关键环节，指导开发企业加强与各单位衔接沟通，确保项目尽快核准、开工和投运。

案例9　奉贤海上风电项目

奉贤海上风电项目是列入上海市能源发展"十三五"规划的重点项目。项目场址位于杭州湾北部的奉贤区海域，临近漕泾航道和东海大桥。项目总投资约34亿元，装机容量206.4兆瓦，包含32台6.45兆瓦风力发电机组。项目由上海电力股份有限公司和国网上海绿色环保能源有限公司共同出资成立的上海海湾新能风力发电有限公司开发，2020年11月开工建设，2021年12月28日全容量并网发电。项目年发电量6亿千瓦时，年节约标准煤约18万吨、减排二氧化碳约50万吨，对上海市全面推进节能减排，加快建设新型能源体系具有较好的示范意义。项目自2021年底投运至今，累计为上海市电网输送绿电月8.3亿千瓦时，年节约标准煤约25万吨、减排二氧化碳69万吨、节约用水100万吨。项目年发电量约 6 亿千瓦时，年节约标准煤约 18 万吨、减排二氧化碳约 50 万吨，具有良好的环境效益和节能减排效益。

图 14　奉贤海上风电项目海上升压站

- **持续推进崇明世界级生态岛建设**

上海市推动崇明世界级生态岛建设，主要通过协调工作机制、规划设计和正负清单制三方面的措施。《崇明世界级生态岛建设推进工作机制》确立了总体要求、工作机制和监督考核机制。领导小组负责计划目标、政策配套和规划审议，协调解决重大问题；牵头单位负责推进重点专项和项目；市政府督查室纳入目标管理体系，并将工作情况纳入年度考核。《崇明生态岛建设纲要（2010—2020 年）》提出六大行动领域和 27 个指标，《崇明区总体规划暨土地利用总体规划（2017—2035 年）》设立保护红线和管控体系，《崇明世界级生态岛规划建设导则》规定建筑高度分级管控，并强调体现中国元素和海岛特色。2018 年起，制定了产业准入负面清单和重点发展产业正面清单，确定了 9 个扶持发展领域和 5 个限制准入领域，包括绿色农业和休闲旅游等。

(3) 城市数字化转型

- **数字基础设施建设**

上海建设全国领先的数字基础设施体系，建成全国"双千兆第一城"，实现中心城区和郊区城镇化地区 5G 网络全覆盖。截至 2020 年底，上海基本实现千兆固定宽带家庭全覆盖，平均可用下载速率超过 50Mbps，累计建设 5G 室外基站 3.2 万个、室内小站 5.2 万个。上海国际信息通信枢纽地位增强，通信海光缆容量达到 22Tbps。上海还积极推进绿色高端数据中心建设，建成面向公众服务的互联网数据中心 103 个，机柜总量近 14 万架。发布《新型城域物联专网建设导则》，建设 30 余种智能传感终端近 60 万个。

- **数字经济创新体系**

上海不断提升产业数字化能级，工业互联网赋能全产业链协同、价值链整合，率先建成标识解析国家顶级节点并辐射长三角，打造一批具有全国影响力的工业互联网行业平台。上海持续深化数字产业化，成为国内产业链最完备、综合技术最领先、自主创新能力最强的集成电路产业基地之一。上海大力支持人工智能产业核心企业集聚，获批国家新一代人工智能创新发展试验区和人工智能创新应用先导区。上海鼓励在线新经济发展，基本形成以浦东、杨浦、静安、长宁为主产业发展布局的"浦江C圈"，支持网络零售、网络视听、消费金融等信息消费新业态的发展。

- **数字生活服务体系**

上海不断完善数字公共服务体系，推行政务服务"一网通办"，基本实现"高效办成一件事"。上海建成全市统一的社区基础信息数据库和"社区云"平台；搭建上海市综合为老服务平台，梳理形成 12 个智慧养老应用场景；教育云网融合试点有序推进，在线教育服务水平显著提升；推进智慧医疗应用，建成"健康云"平台，实现诊疗信息互联互通互认；推动智慧出行，基本建成"上海停车""一键叫车"等一站式服务平台。2023 年 6 月，上海"一网通办"平台个人实名用户累计 7995.73 万人，法人用户累计 315 万户，累计接入政务服务事项 3629 项，持续推进"一件事"业务流程再造，累计办件量超 1000 万件，累计推出 152 项高频事项"免申即享"。

- **数字治理综合能力**

上海按照"三级平台、五级应用"逻辑架构，建立了市、区、街镇三级城运中心，实现"高效处置一件事"。上海打造了务实管用的智能化应用场景，重点建设城市之眼、道路交通管理（IDPS）、公共卫生等系统。上海建立了实时动态"观管防"一体化的城运总平台，接入了50个部门的185个系统、730个应用；建设了高效处置突发事件的联动指挥系统，支撑市城运中心统筹支援、现场决策，实现前线指挥部、后方指挥部、专业指挥部跨地域的联动指挥。

案例10　上海探索"数字治理"新范式

上海聚焦城市管理和社会治理智能化，打造了数据底座健全、共享赋能充分、场景应用丰富的上海城市治理范式。

一是建设完善新型基础设施，构筑数字经济创新发展之基。与三大运营商实施信息化战略合作，布局5G设备及网络覆盖，打造了全球领先"5G+光网"双千兆示范城市。不断加强政策供给，并提出鼓励合作银行建立总规模达到1000亿元以上的上海市新型基础设施建设优惠利率信贷资金。截至2022年，上海市家庭宽带千兆用户数、千兆网络渗透率、国际电缆数量和5G基站占比等指标均居全国第一，为数字经济全面发展打下坚实基础。

二是探索建立数据综合交易机制，立法保障数据流通交易和数据价值化。不断加快数据立法步伐，为上海数字经济产业发展奠定法治基础，2021年出台《上海市数据条例》，聚焦数据权益保障、数据流通利用、数据安全管理三大环节，最大限度地促进数据流通和开发利用。该条例规定，上海按照国家要求设立了数据交易所，针对原先数据交易体系中普遍存在的确权难、入场难、定价难等瓶颈问题，进行了一系列制度创新探索。

三是培育发展在线新经济，支持直播电商、共享经济等服务产业数字化。得益于上海中外品牌高度聚集的天然优势，上海具有较为完备的电商产业链，已汇集拼多多、bilibili、震坤行、美腕、宝尊等电子商务龙头企业，覆盖电子商务产业链上中下游。实施产业电商"双推"工程——推动电子商务企业创新发展、推动中小企业应用电子商务，采用"政府贴一点、平台让一点、中小企业自己出一点"的方式，在助推上海中小企业采购电子商务、互联网应用专业化服务上平台及用平台的同时，激励各类创新型企业服务平台加快市场拓展，立足上海，服务全国。

四是深化数据资源开发应用，全方位赋能城市数字化转型。利用数据赋能治理的数字化转型，推动"一网通办""一网统管"两网数据深度融合，打造一体化数据底座，实现政务服务智慧精细和城市运行安全可靠。"一网通办""一网统管"已整合接入公共安全、绿化市容、住建、交通、应急、民防、规划资源、生态环境、卫生健康、气象、水、电、气等领域，探索研发地图服务、气象服务、交通保障、应急处置等六大插件，为跨部门、跨系统的联勤联动增效赋能，初步实现了"一屏观天下，一网管全城"。

(4) 具有世界影响力的科创中心建设

● 大力布局重大科技基础设施

近年来，上海围绕光子、生命、能源、海洋等战略领域，大力布局重大科技基础设施，加快推动基础研究高质量发展。2022年，上海已建和在建的国家重大科技基础设施达14个，全球规模最大光子大科学设施群已见雏形。全球排名前20的药企中，有14家将研发总部或创新中心设在上海，科技全球影响力显著提升。长三角国家技术创新中心加快建设，G60科创走廊汇聚高新技术企业3.6万余家、各类孵化器和众创空间1300余家。长三角科技资源共享服务平台集聚重大科技基础设施23个，国家级科研基地315个，科学仪器4万余台套，共享率超90%。

图15 上海同步辐射光源[①]

● 重点推进基础研究领域发展

上海着力培育国家实验室等战略科技力量，正积极推动光子与微纳电子、生物医药和脑科学、人工智能等领域的国家实验室筹建工作。加大创新基础平台建设，已经启动脑科

[①] 中国科学院上海应用物理研究所：《2016上海光源画册》，http://ssrf.sari.ac.cn/ncbp/nhc/。

学与类脑研究中心、量子科学中心等数十家代表世界科技前沿领域发展方向的研究机构建设。2021年，上海首次同时牵头获得"三大奖"高等级奖项，实现在国家自然科学奖、国家技术发明奖和国家科技进步奖"三大奖"高等奖项中"金花齐放"，牵头获得4项一等奖。

- **成立上海市知识产权保护中心**

2022年11月，中国（上海）知识产权保护中心（以下简称"上海保护中心"）揭牌成立，是第53家全国知识产权保护中心，也是继北京、天津后面向直辖市全域服务的第三家知识产权保护中心。上海保护中心面向新材料和节能环保产业开展知识产权快速协同保护服务，与已先期建成的浦东保护中心一道，进一步提升上海市知识产权保护和服务水平，持续优化营商和创新环境，加速上海市优势产业布局调整，增强知识产权创新成果汇聚能力，激发知识产权创新活力，加快创新驱动发展；通过构建知识产权快速协同保护体系，打通知识产权创造、运用、保护、管理、服务全链条，助力上海打造国际知识产权保护高地。[①]

- **设立世界顶尖科学家协会奖**

2022年，首届世界顶尖科学家协会奖正式在中国上海揭晓，美国计算机科学与统计学家迈克尔·I. 乔丹（Michael I. Jordan）、德国生物化学家迪尔克·格尔利希（Dirk Görlich）获奖[②]。上海借助设立世界顶尖科学家协会奖的契机，广纳全球科技创新人才与资源，加快向具有全球影响力的科技创新中心进军。在全球"最佳科技集群"排名中，上海从2017年第19位跃升至2021年第8位，科技创新综合水平迈入全球主要创新型城市前列。自2022年起，上海—苏州作为科技集群参与全球排名，2022年为第6位，2023年上升至全球第5位。

[①]《上海知识产权保护中心正式揭牌》，http://www.ipwq.cn/ipwqnew/show-5375.html。

[②]《2022年首届世界顶尖科学家协会奖揭晓 单项奖金1000万》，https://cn.chinadaily.com.cn/a/202209/29/WS63351174a310817f312f0655.html。

SDG11 可持续城市和社区

SDG11

- SDG11 可持续城市和社区，致力于建设包容、安全、有抵御灾害能力和可持续的城市和人类住区。通过该目标的实践，能够确保人人获得适当、安全和负担得起的住房，让人人享有绿色、安全、包容、韧性的城市和社区建成环境。

- 上海与世界其他超大城市共同面临"城市病"的问题与挑战，亟须优化空间资源的合理配置，提升不同区域之间资源配置的均衡性，补足城市和社区空间治理的短板，提升城市的安全与韧性。

- 在SDG11目标下，上海稳健应对土地等资源紧约束的客观现实，通过空间资源的优化配置，促进城市与社区的可持续发展。近年来，上海探索通过保护和更新相结合的模式提升老城区活力，以改善人居环境为核心目的推进旧区住房改造，塑造硬件设施和软件服务功能完善的社区生活圈，持续实践公交导向的城市开发模式，积极推进五个新城的功能导入和开发建设。

2023年优先审查目标　SDG11：可持续城市和社区

响应框架

重要措施	具体领域	典型案例	关键指标	SDG11 目标响应
城市更新与活力注入	探索城市风貌保护和城市更新结合		▶文物机构数	11.4 进一步努力保护和捍卫世界文化和自然遗产
	落实历史文化遗产保护	静安区张园地区保护性综合开发		
	构建城市更新政策法规体系	长宁区上生新所城市更新项目		
推进旧住房改造	推进中心城区成片二级旧里以下房屋改造		▶居民住宅征收面积 ▶年内新启动"城中村"改造项目数 ▶既有多层住宅加装电梯完成情况	11.1 到 2030 年，确保人人获得适当、安全和负担得起的住房和基本服务，并改造贫民窟
	实施既有多层住宅加装电梯	虹口区沽源路第一、第二小区"连片"加装电梯推进		
	多措并举推进城中村改造	青浦区蟠龙"城中村"改造项目		
	实施旧住房成套改造	静安区番瓜弄小区拆除重建项目		
塑造社区生活圈	开展完整社区建设试点	静安区临汾路380弄完整社区建设试点	▶人均公园绿地面积	11.3 到 2030 年，在所有国家加强包容和可持续的城市建设，加强参与性、综合性、可持续的人类住区规划和管理能力 11.7 到 2030 年，向所有人，特别是妇女、儿童、老年人和残疾人，普遍提供安全、包容、无障碍、绿色的公共空间
	推进"15分钟社区生活圈"建设	普陀区曹杨新村街道"15分钟社区生活圈"		
	实施基础文化设施更新与提升计划			
	打造共建共治共享的社区生活共同体	浦东打造参与式社区治理的"东明范式"		
公交导向的城市开发	推进站城融合区域建设	青浦区轨道交通17号线徐泾车辆基地上盖开发项目	▶轨道交通路线长度 ▶公交线路条数 ▶人均拥有道路面积	11.2 到 2030 年，向所有人提供安全、负担得起的、易于利用、可持续的交通运输系统，改善道路安全，特别是扩大公共交通，要特别关注处境脆弱者、妇女、儿童、残疾人和老年人的需要
	推进轨道交通网络建设			
推进五个新城建设	推动新城重大功能导入			11.a 通过加强国家和区域发展规划，支持在城市、近郊和农村地区之间建立积极的经济、社会和环境联系
	加速落地"一城一名园"			
	打造"一城一绿环"	嘉定新城绿环		

关键指标

➘ 居民住宅征收面积（万平方米）

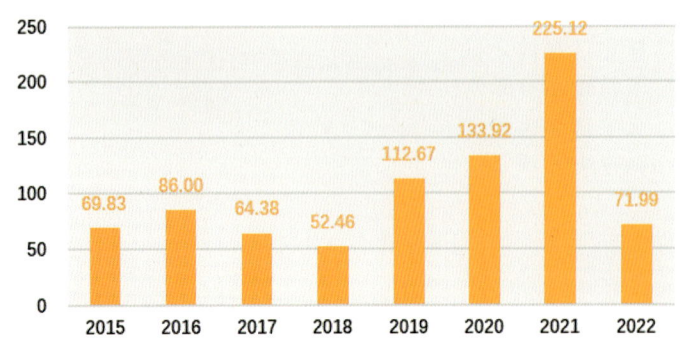

2015—2022 年，年均居民住宅征收面积超过 **100 万平方米**。

➘ 年内新启动"城中村"改造项目数

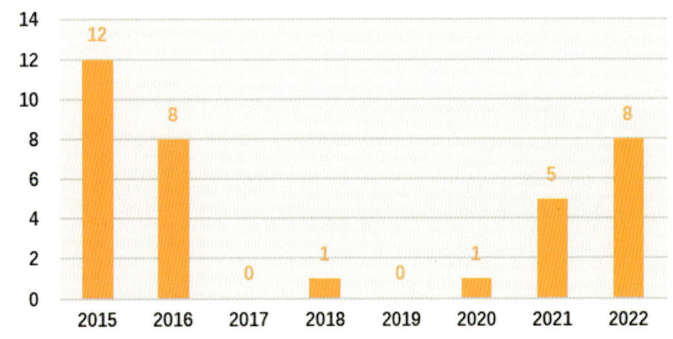

2015—2022 年，启动"城中村"改造项目数达到 **35 项**。

➘ 既有多层住宅加装电梯完成情况

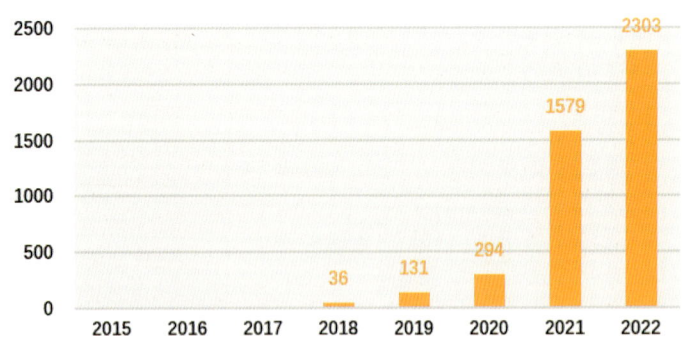

2018—2022 年，既有多层住宅加装电梯完成 **4343 项**。

➘ 文物机构数

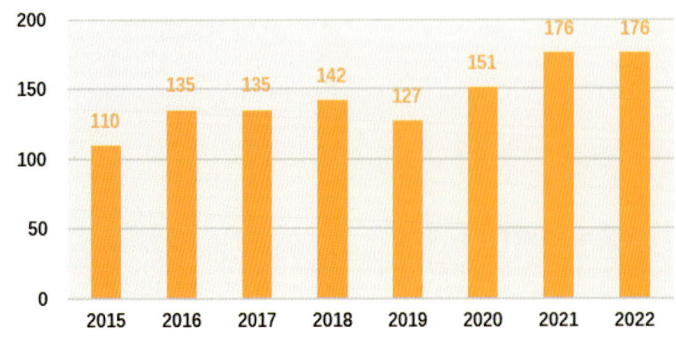

2015—2022 年，文物机构数从 110 个增长至 **176 个**。

人均公园绿地面积（平方米）

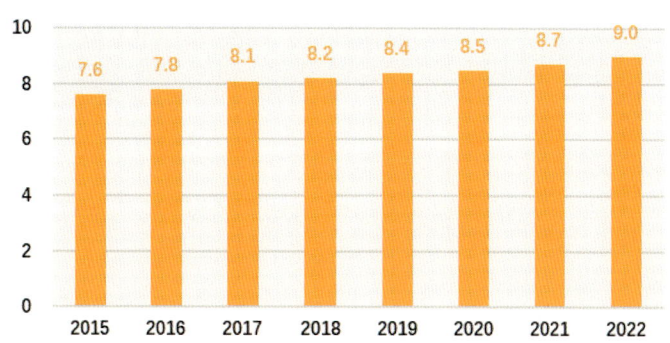

2015—2022 年，人均公园绿地面积增加 **1.4 平方米**。

轨道交通线路长度（千米）

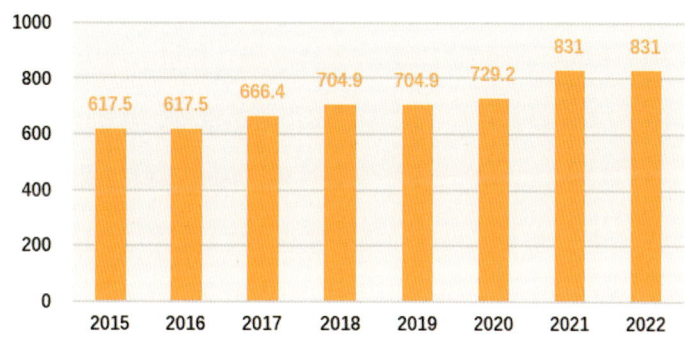

2015—2022 年，轨道交通路线路从 15 条增加至 20 条，线路长度增长 **34.6%**。

公交线路条数（条）

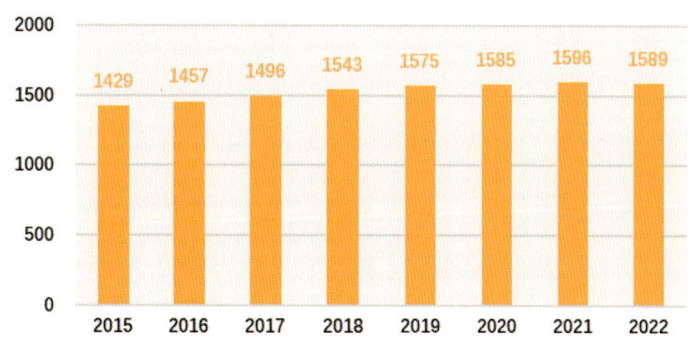

2015—2022 年，公交线路增加 **160 条**。

人均拥有道路面积（平方米）

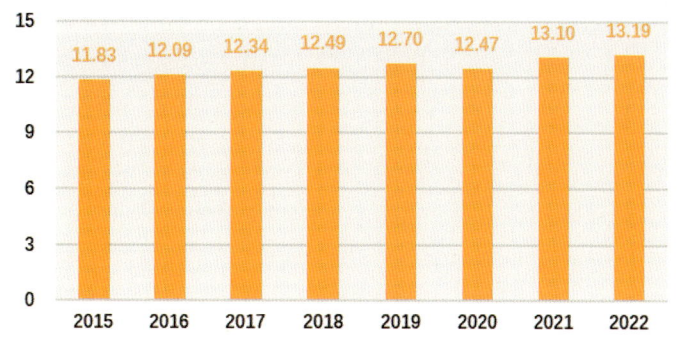

2015—2022 年，人均道路面积增加 **11.5%**。

主要进展

- **苏州河旅游水上航线开通试航**

2020年底，苏州河中心城区42千米安全公共空间贯通开放，岸线建设和城市更新中涌现出一批活化利用的历史建筑、美术馆、图书馆、咖啡馆、创意园、商业中心等。2022年9月17日，苏州河旅游水上航线开通试运营，上海"一江一河"公共空间贯通开放再添新成果。苏州河旅游水上航线途经上海普陀、长宁、静安、虹口和黄浦5个区，全长约17千米，目前已建成和正在建设的靠泊码头共有8个。①

- **历史文脉保护有效推进**

自1986年国务院批准上海市为全国第二批国家历史文化名城以来，目前上海市已基本形成点、线、面相结合的名城名镇名村保护体系。自《上海市城市总体规划(2017—2035年)》批复至今，上海市建立了评估和更新机制，逐步增补保护对象，拓展保护范围。风貌保护街坊方面，2023年新增4处风貌保护街坊，以石库门里弄建筑为主。文物方面，不可移动文物数量增加至3467处。历史建筑方面，2017年完成了中心城50年以上历史建筑普查，明确对中心城730万平方米里弄住宅予以保留保护。

- **张园等一批街区更新改造，变身文化地标**

2017年浦东滨江公共空间贯通开放后，为解决市民如厕、休憩等游览舒适度问题，按"1公里1处"原则，在沿线可达性高的位置建设了22座建筑造型统一、功能标准化的公共服务设施"望江驿"；曾见证沪上第一盏公共电灯点亮、第一辆自行车亮相、第一次华人公映电影的海上第一名园"张园"，历时4年修缮和更新，焕发生机；上生新所，近百年前是高雅宁静的"哥伦比亚生活圈"，中华人民共和国成立后变身上海生物制品研究所，如今成为上海网红打卡地之一；今潮8弄，曾是一条历史百年老弄堂，经一番创新性更新改造，变身沪上文化新地标。②

---

① 《期待已久！苏州河旅游水上航线开通试运营》，https://m.thepaper.cn/baijiahao_19960640。

② 《百年张园、今潮8弄、书隐楼，这些城市更新案例藏着什么样的密码》，https://export.shobserver.com/baijiahao/html/572378.html。

- **城市更新协同推进机制逐步建立**

2014年，《上海市城市总体规划(2017—2035年)》启动编制时，上海率先提出要实现城市建设用地规模负增长、以土地利用方式转变推动城市发展模式转型。2015年，市政府发布《上海市城市更新实施办法》，之后又陆续出台了有关风貌保护"留改拆"、促进产业转型升级等一系列有关城市更新的政策文件。《上海市城市更新实施办法》实施以来，上海从第一阶段原权利主体自主更新为主，到第二阶段引入市场主体，再到第三阶段统筹资源进行面上整体转型，长宁上生新所、黄浦外滩160街坊更新等一批有社会影响力的试点项目建成，社区居民、权利主体参与社区更新治理、改善社区环境品质的自主意愿和自我意识逐渐唤醒，"多目标、多系统、多方式、多项目"的协同推进机制逐步建立。

- **中心城区成片二级旧里以下房屋改造全面收官**

2022年7月24日，上海市黄浦区建国东路68街坊和67街坊东块的房屋征收签约率突破90%，上海中心城区成片二级旧里以下房屋改造全面收官。1992年至今，上海共完成二级旧里以下房屋改造超过3000万平方米，受益居民约130万户。①

- **多层住宅加装电梯持续推进**

自2011年上海启动加装电梯工作以来，市、区相关部门边试点实践，边破解瓶颈，突出围绕加装电梯的意愿征询、组织推进、技术要求、审批流程、资金筹措等重点环节问题，持续深入调研，完善政策供给。从"能装""好装"到"快装"，持续完善财政支持、规划管理、方案设计、行政审批、管线迁移、资金扶持等配套措施，不断加大对基层的服务指导力度，历年累计完工4397台（2011—2020年完工515台、2021年完工1579台、2022年完工2303台）。推进方式由"加装个案"向"规模化量产"转变，居民认可度也越来越高，获得感、幸福感不断增强。

- **城中村改造加速推进**

截至2022年，上海市已批准的62个"城中村"项目中，有2.7万多户村民改善了住房

---

① 《历经30年！上海中心城区成片二级旧里以下房屋改造收官》，http://www.news.cn/local/2022-07-24/c_1128858219.htm。

条件；项目建成后镇级集体经济组织留存房产长期经营，保障集体经济组织长远发展和农民长期收益。彻底解决了"城中村"地区的环境脏乱差、违章搭建、"群租"、公共安全隐患等社会问题，补齐了基础设施和公建服务设施短板，地区形象大大改善，功能大大提升。部分"城中村"改造项目与历史文化风貌保护相结合，注重"留住乡愁"，将"文""人""居""产"融合在一起，让建筑可以阅读、让文化可以传承、让历史可以欣赏。

● **旧区改造和旧住房成套改造协同发力**

通过旧区改造和旧住房成套改造实施的协同发力，上海市住房成套率从 1990 年的 30% 提升至 2021 年的 97.7%，居民获得感、安全感显著增强。截至 2022 年底，历年累计完成旧住房成套改造约 250 万平方米、5.5 万户。其中，拆除重建约 20 万平方米、0.5 万户。通过拆除重建或同步实施结构加固，解决了老旧住房结构性安全隐患问题，延续了房屋寿命，为城市安全运行提供重要保障。通过增加厨卫设施实现成套使用，切实解决了居民生活"急难愁盼"问题，改善居住品质和宜居条件。通过实施拆除重建改造，同步结合扩大用地，增加了小区公共设施，因地制宜增设社区配套，完善了居住单元的综合功能。

● **"15 分钟社区生活圈"逐步完善**

在落实自然资源部《社区生活圈规划技术指南》要求基础上，上海进一步结合实际，以街镇为工作单元，在市民慢行 15 分钟空间范围内，完善居住、就业、文化、体育、教育、养老、医疗、商业等功能，全面推进"15 分钟社区生活圈"行动。以老百姓的获得感为最高衡量标准，围绕"宜居、宜业、宜游、宜学、宜养"的总体目标，营造低碳健康的生活方式、便利共享的空间品质和开放集约的空间格局。

● **基层公共文化设施不断更新，功能逐步提升**

随着多个重大文化体育设施兴建、改建和扩建，上海的公共文化体育空间质量和数量都有极大提升。上海图书馆东馆面向全媒体时代的智慧复合型图书馆的功能定位，与淮海路馆一起成为屹立浦江两岸交相辉映的文化空间；上海大歌剧院建筑形体取"中国扇"之意，既能满足大型活动的使用需求，又能为市民或游客的日常参观提供乐趣；徐家汇体育公园占地面积约 36 公顷，包含上海体育场、上海体育馆、上海游泳馆、东亚大厦等，场馆设施对标国际顶级标准，建成后将成为上海设施设备最齐全的体育文化聚集区之一。[①]

- **轨道交通网规划编制工作顺利推进**

2017 年，结合《上海市城市总体规划(2017—2035 年)》，上海市完成新一轮轨道交通线网规划编制工作，提出了轨道交通市域线、市区线、局域线三个 1000 千米的规划方案。围绕上海未来建设全球城市的目标定位，立足轨道交通网络与城市空间发展的高效衔接、公共交通发展水平进一步提升，从城市空间、综合交通、轨道交通三个方面提出轨道交通线网规划目标。

- **五个新城重大功能导入初见成效**

五个新城建设是上海转变发展方式的重要突破口，是上海优化城市空间格局的重中之重。为加快吸引国内外各类资源集聚，进一步推动新城功能提升，自 2022 年初起，上海启动开展向新城导入功能工作，出台了《关于推动向新城导入功能的实施方案》，提出了"十四五"期间 70 项拟向新城导入功能的事项清单，并正式发布第一批 25 项重大功能性事项。同时，各相关部门已基本形成各领域实施方案和支持政策，为新城功能导入提供有力支撑。

重要措施

(1) 城市更新与活力注入

- **探索历史风貌保护和城市更新结合**

2019 年，上海市第三次修正《上海市历史风貌区和优秀历史建筑保护条例》，聚焦扩大保护范围、强化政府责任、完善保护措施、促进活化利用等内容，将"从严保护"和"活化利用"作为修法的主要价值导向。上海市探索以国有机关企事业为主体，社会资本踊跃投入的文物保护新路径，推动历史风貌保护和城市更新结合，同时引入展示海派特色的人文体验、戏剧演出、时尚服饰、人气餐饮等创新业态，以文化赋能新商业。

[①] 《"质""数"齐升！申城文体设施助力软实力进阶》，《文汇报》2022 年 2 月 19 日。

落实历史文化遗产保护

上海市以"两规融合、多规合一"的空间规划体系为基础，按照"总体规划—单元规划—详细规划"三个层次，落实历史文化遗产保护控制线，统筹各类要素资源空间配置，逐级深化管控要求。在控制性详细规划层面，结合控规技术准则和成果规范，以"+风貌保护"的思路，在历史文化风貌区保护规划、控制性详细规划附加图则中完善风貌保护相关要求。同时，上海通过编制保护建筑（包括优秀历史建筑及各级文物保护单位）技术管理规定，根据保护建筑历史、科学、艺术价值以及保存完好程度，提出不同等级保护要求，实施分类管理。

案例11　静安区张园地区保护性综合开发

张园地区东起石门一路，西至茂名北路，北起吴江路，南至威海路，占地面积约4.38万平方米，建筑面积约6.21万平方米。地处南京西路历史文化风貌区，内有历史建筑43栋，其中优秀历史建筑13栋、区级文物保护点24栋、保留历史建筑5栋、一般历史建筑1栋。

张园地区保护性综合开发项目以保护与传承上海传统石库门里弄风貌为核心目标，通过活化利用历史建筑、提升区域经济能级、完善轨道三线交通规划，适度开发既有建筑地下空间，打造新时期的高品质上海历史风貌保护和城市更新案例。

按照"保护为先，尊重历史，合理开发"的基本原则，国际方案征集和规划修编同步进行。明确以下要求：一是按照整体性与真实性原则，最大限度保护石库门里弄的巷弄肌理和历史建筑；二是基于每栋建筑的不同类别特征，逐栋开展价值评估，进行有针对性的方案设计，分级分类深化保护措施；三是地上、地下功能连贯，实现轨道交通三线换乘，进行适度、有节制的地下空间开发利用（整街坊统筹地下空间规划和建设）。

2019年6月，"张园地区保护性综合开发方案设计"国际方案征集工作正式启动。张园项目的功能及业态策划围绕"国际商圈生态构建者、海派文化焕新亮点区"的战略定位，主推创新型、体验式、引领性的时尚消费导入，充分展现传统与现代、历史与创新、体验与消费的有机融合。2022年11月8日，张园西区完成竣工验收。2022年11月27日，张园西区正式对公众开放。西区共16幢建筑，其中市优秀历史建筑12幢、区文保点4幢。西区商业对标最高标准、最好水平，引入国际顶尖品牌入驻，并注重"首店""首秀""首发"效应。

目前，张园西区沿泰兴路区域主选方向为顶奢品牌新业态，现已与部分品牌达成落位意向；沿茂名路区域主要以艺术、轻奢、高定及潮牌为方向。通过体验式、引领性的时尚消费导入，深化海派文化主题，为张园历史风貌保护区赋予全新的商业功能和业态，打造成为中心城区最具影响力和美誉度的商圈商街。

图 16　静安张园立面

● **构建城市更新政策法规体系**

2021年，上海市发布了《上海市城市更新条例》。该条例重点落实了几个总体目标：全面提升城市能级和整体空间品质，实现更新内容和对象全覆盖，着力构建共建共治共享的治理格局，有效破解城市更新的政策障碍。在资源环境紧约束条件下，对标建设卓越的全球城市，通过城市更新立法，推动实施"上海2035"，优化城市功能和结构，注重风貌保护，提升城市空间品质，兼顾城市"亮度"和"温度"，实现"补短板、锻长板"的要求。

案例12　长宁区上生新所城市更新项目

长宁区新华社区上生新所城市更新项目，是上海城市有机更新中魅力风貌计划的更新试点。该更新项目位于延安路—世纪大道城市发展轴线上，具有良好的区位发展优势；处于愚园路、衡山路—复兴路和新华路三个历史文化风貌区的中间区域，具有深厚的历史文化底蕴。采用城市更新的方式，将封闭的科研工业园区转型为开放的商业、文化、办公功能复合的"城市客厅"，延续城市的历史文脉，让历史环境和老建筑获得新生，为地区注入了新的活力。

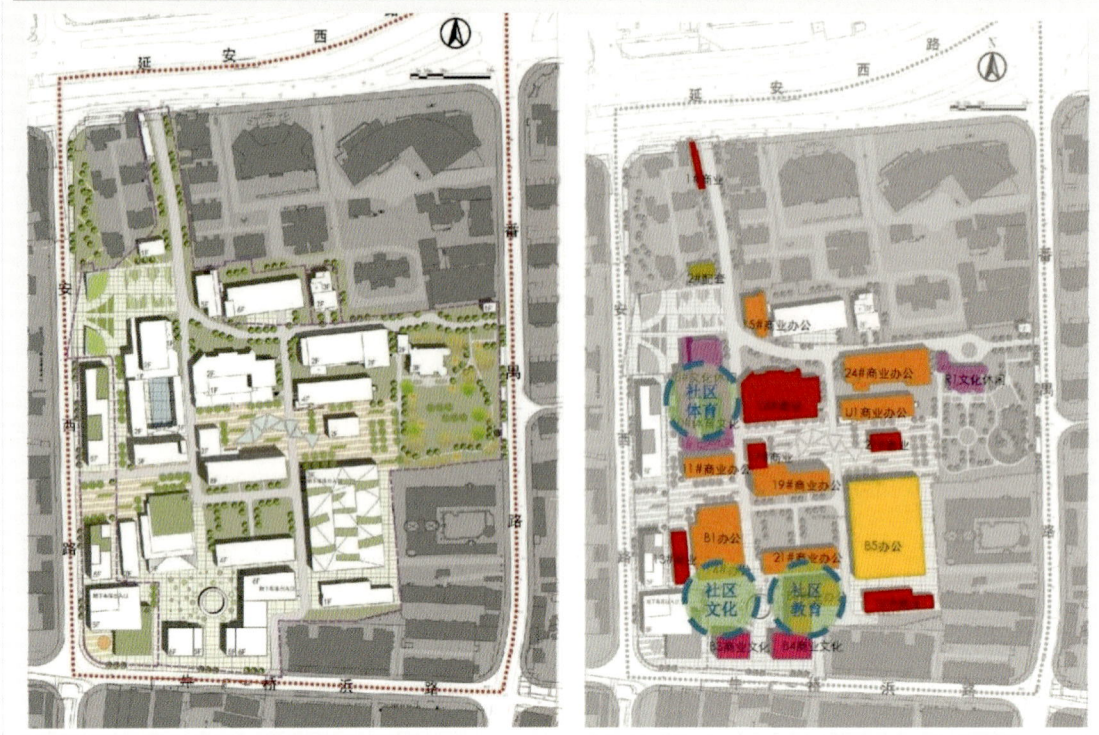

图 17　上生新所街区规划

项目更新特色主要有：

（1）加强历史传承、提升地区功能，促进风貌保护与建筑活化利用。对上生所基地内优秀历史建筑、历史建筑、工业建筑等进行评估，提出保留保护对策，进行整体保护性利用。将原生产型研究功能转变为商业办公及社区服务功能。

（2）增添公共服务设施，增加开放空间，打造活力街区。将原神秘封闭的生产研究所，更新为开放式的商业商务街区。尊重历史空间肌理，在基地内划出若干公共通道和公共开放空间。

经规划调整，在加强历史风貌保护、适当增加建设容量、提升商办功能品质的基础上，尽量增加了公共开放空间，增加了公共通道，并合理弥补了公共服务设施短板。通过新增公共开放空间和社区服务设施，获得城市更新奖励；在不破坏整体风貌的前提下，适当提高了地块开发强度，将容积率提高到 1.0。在土地政策方面，采用存量补地价的方式，以商业商办的用途签订补充土地出让合同。

(2) 推进旧住房改造

● **推进中心城区成片二级旧里以下房屋改造**

上海市政府研究提出了"利用土地储备通道推进旧区改造"的新模式。由土地储备机构作为旧改项目投资和实施主体，房管部门牵头成立旧改办或工作专班，委托征收事务所、动拆迁公司，与属地街镇、社区共同推进居民房屋征收相关事务。有了铁路北广场旧改项目的成功先例，上海市、区两级政府重启了大规模的旧区改造项目，分别以市、区联合储备和区单独储备的形式推进。2006—2022 年，全市共改造二级旧里以下房屋约 1054.1 万平方米，受益居民约 45.7 万户。其中市、区联合储备的旧改项目 69 个，共动迁居民约 10.4 万户，涉及土地面积约 323 公顷，总投资超过 4000 亿元。

- **实施既有多层住宅加装电梯**

既有住宅加装电梯是"政府引导、基层搭台、群众自治、共建共享"的民生项目，2020 年列入民心工程后，上海市相关部门把这项工作作为民生保障的着力点，通过建立三级推进机制、优化审批实施流程、加大资金扶持力度、把好设计安全质量关、强化电梯施工保障、落实后续运维管理、推动"规模化"加装、创新基层治理等具体措施，积极探索实践，总结创新，形成了一批推动居民意愿达成、行之有效的好经验、好办法，有效推动项目顺利实施。

> **案例13 虹口区沽源路第一、第二小区"连片"加装电梯项目**
>
> 沽源路第一、第二小区位于上海市虹口区江湾镇街道，两个小区仅隔一条小马路，共计 30 个门洞，总建筑面积 3.38 万平方米。共有 690 户居民，常住居民 1743 人，其中 60 岁以上老年人 739 人，占比 42.4%，残疾人 80 人，占比 4.6%，小区居民解决垂直交通困难的需求较为迫切。虹口区在该处启动"美丽家园+整小区加梯"改造项目，创新工作机制，释放叠加效应，推动全市首个"连片"加装电梯项目的实施。截至目前，30 个门洞完成签约 29 台，其中已竣工 28 台。
>
> 通过加装电梯，邻里之间增进了沟通，也涌现了一批把"社区事"当"自家事"的热心居民，强化了居民自治水平，实现"共建、共治、共享"，打造新时代治理标杆社区。沽源第一、第二小区加装电梯将由小区原物业统一接管，且在成片规模化加装电梯的情况下，收费标准进一步降低，让居民在使用电梯时更安心、更舒心。进一步探索物业收费体系的优化，形成"美丽家园+整小区加梯"完成后的"质价双提升"。据统计，沽源第一、第二小区自"美丽家园+整小区加梯"项目启动以来，房屋面积单价较周边未加装电梯的同类小区已增长 10%以上，不仅提高了居民的生活水平，还为居民带来了实际利益，居民获得感、幸福感显著提升。

图18 加梯改造后的效果

● **多措并举推进城中村改造**

上海市结合"城中村"点位的实际情况，因地制宜，通过项目整体改造、实施规划拔点、环境综合整治等多种方式，多措并举改造"城中村"。整体改造类，是指对于规划用途为住宅等经营性用地，资金平衡可能性大，通过申报"城中村"项目进行整体改造；规划拔点类，是指通过叠加规划比对，对于规划用途为公共服务设施、工业、绿地、道路等非经营性用地，无法通过城中村项目实现基本资金平衡的，结合公益性项目的实施计划，按规划有序推进；整治提升类，是指对于风貌保护类、农民新村或开发边界外规划保留村，以及近期因规划无法实施的，按需有针对性地进行整治提升，改善人居环境。

案例14　青浦区蟠龙"城中村"改造项目

蟠龙"城中村"项目于2018年6月取得市"城中村"认定批复，采用合作改造方式联合实施改造，按持股注册成立了上海蟠龙天地有限公司，项目总投资约135亿元。项目四至范围：东至规划蟠文路、规划蟠龙路，南至龙联路、崧泽大道，西至华徐公路，北至天山西路、村道，总占地面积666亩，集体建设用地占比72.4%。项目范围内共涉及动迁居（村）民235户，企事业单位28家。项目包括公益性项目、古镇修复、配套住宅三大部分。现已全部建成。

蟠龙"城中村"项目的启动实施，有力地推动了区域发展规划的实施，对于补齐发展短板、提升村民住房条件、推进"五违"整治和生态环境综合治理、促进城乡一体化发展等起到了积极作用，达到了预期目的。项目主要成效有：

（1）蟠龙"城中村"项目采用集体经济组织引入合作单位共同改造的模式，资金由企业投入，改造中充分利用了社会资本，减轻了政府财政压力。

（2）通过改造将原"城中村"村民集中就近安置，重新建立和完善了"城中村"区域内交通、商业、医疗、教育等一系列基础配套设施，同时注重对传统文化风貌的保护性修缮和传承式改造，如蟠龙河、蟠龙庵、蟠龙镇等文化节点都得到了很好修复再现。

（3）"城中村"改造区域内大多数为农民自建房，年代久，时间长，存在很多安全隐患，通过城中村改造，极大地改善了居民的住房条件，提升了居民居住品质。

（4）在"城中村"改造过程中基础设施建设与产业结构调整等紧密结合，解决了以往生活配套服务设施不足的问题，将原先的城中村区域建设成为现代生态住宅小区、公共绿地和商业办公楼群，提升地区功能和产业转型升级，促进城乡一体化和经济社会协调发展。

（5）蟠龙"城中村"项目推进集体经济组织改革，实施留存房产长期经营。保障集体经济组织发展和农民稳定收益。项目中 10%商业资产成本价留给集体经济组织，最具创新特色的酒店留给镇集体。镇集体委托蟠龙公司后续运营，保证品质延续，稳定租金收益，确保长期收益。

图 19　蟠龙"城中村"改造项目前后对比

- **实施旧住房成套改造**

上海市从 20 世纪 80 年代开始实施以增加厨卫功能为主的旧住房成套改造工作，先后经历了探索、完善、发展三个阶段，推动住房成套率不断提升，居民居住条件逐步改善。围绕工作目标，上海市制订了新一轮民心工程三年行动计划，三年行动计划的总目标为完成（协议生效）不成套职工住宅改造项目的总建筑面积 90 万平方米，含小梁薄板房屋约 37 万平方米。其中 2023 年计划完成 28 万平方米，2024 年计划完成 31 万平方米，2025 年计划完成 31 万平方米。到 2025 年底，基本完成不成套小梁薄板房屋改造。结合区域规划、区域功能、保留保护价值甄别、不成套旧住房分布等情况，采取拆除重建、原址改建、协议置换、征收等方式，实施旧住房成套改造，同步推进小区整体改造提升。

案例15　静安区蕃瓜弄小区拆除重建项目

蕃瓜弄小区位于大统路以东、铁路沪宁线以南、共和新路以西、天目中路以北，为非成套直管公房小区，地属天目西路街道。

20世纪60年代，该小区由"滚地龙"为标志的棚户区经过拆除重建，成为上海第一个5层楼的工人新村而闻名。2015年因北横通道重大市政工程建设，该小区约32%的房屋完成动迁安置，现剩余现状14幢非成套住宅楼，基本为小梁薄板房屋。总建筑面积约4.3万平方米，居民1122户（其中产权户145户）。由于年久失修，墙面受损、线路老化、配套缺乏、道路损坏、绿化缺失、停车困难等问题日益严重。蕃瓜弄成套改造项目列入2023年改造计划，采用拆除重建方式，将新建6幢7—33层多高层回迁住宅，同时，配建社区服务中心等公建配套设施。通过实施拆除重建改造，可从根本上解决小区的安全隐患，改善居住条件，保持原有的人文气息。

房屋安置坚持"拆一还一、不解困"原则。安置方式采取回搬方式安置，不改变原有房屋的产权性质。被改造户以签约期起始之日起合法有效的不动产权证（含房地产权证）、租用公房凭证计户，按证安置。项目改造方案包括：新建多高层回迁住宅和独立租赁住宅，并配建7处社区级公共服务设施和地下停车设施；新建总建筑面积约14.1万平方米，其中地上约10.37万平方米，地下约3.73万平方米，包括6幢7—33层多高层回迁住宅、1幢27层独立租赁住宅，共计新建住房1276套，结余住房154套；配建城市运行中心、社区生活中心、社区服务中心、社区商业、公共租赁住宅配套设施、社区卫生中心（其中4—6层为100个养老病床）和地下2层停车库等公共服务设施。

该方案解决居民回搬、整体资金平衡，对旧房拆除重建改造有借鉴意义。一是地块联动，放大综合效益，建筑容量应增尽增。二是房源统筹，用于保障性租赁住房和提高商品住房项目地块价值。三是完善配套，增加公共服务供给，提高社会价值和经济价值。项目联合征收地块配建社区级公共服务设施，提升公共服务品质，设施经营获得的收益提高了项目经济可行性。

(3) 塑造社区生活圈

● **开展完整社区建设试点**

上海积极响应国家住建部、发展改革委等六部门推动完整社区建设试点工作，将黄浦区淡水路社区、徐汇区乐山社区、长宁区江苏路社区、静安区临汾路380弄社区、浦东新区三林苑社区纳入试点名单，开展社区专项体检，组织动员居民广泛参与，打造宜居生活环境，推进智能化服务，健全社区治理机制，完善社区养老、托育等公共服务设施。其中，静安区临汾路 380 弄社区的试点建设经验于 2023 年 12 月得到住建部的总结推广，被纳入《完整社区建设案例集（第一批）》。

案例16　静安区临汾路380弄完整社区建设试点[①]

临汾路 380 弄社区位于上海市静安区临汾路街道，下辖星城花苑小区、阳曲路391弄、星林苑、鹏程宝都等 4 个居住小区。社区面积 19 公顷，共 1864 户、4771 人，总建筑面积 19 万平方米，共有 67 个楼组，均建于 20 世纪 80 年代末。社区通过改造，充分盘活存量空间，拆除中间围墙，实现小区之间的互联互通、公共服务设施和公共空间的共享。但社区公共服务设施仍存在一定缺口，社区内服务空间不足，不能满足各年龄段居民的多样化需求。社区按照住房和城乡建设部等部门关于开展完整社区建设试点的统一部署，以居民需求为导向，聚焦为民、便民、安民服务，补齐社区服务设施短板，全力改善人居环境，通过数字化转型，提升基层治理能力，建设更加智慧、更具温度、更有人情味的完整社区。主要做法包括以下几个方面。

一是开展社区专项体检评估，精准查找问题短板。临汾路 380 弄社区从住房、小区、社区三个层面构建完整社区体检指标体系，以提升社区宜居性和居民满意度为导向，按照完整社区建设标准和要求，从完善社区服务设施、打造宜居生活环境、推进智能化服务、健全社区治理机制四方面补齐社区服务设施短板，重点关注社区环境、服务功能、数字赋能、治理机制等方面的提升。

二是完善社区服务设施，建设"全龄家园"。临汾路 380 弄社区建立资源整合利用机制，拆除围墙，合并小区，实现公共服务设施和公共空间共享。深入挖掘和整合利用小区内各类公有资源和闲置房屋，因地制宜增设各类服务设施。聚焦居民"多层次、个性化、高品质"需求，着眼"全龄共享"，建设社区综合服务中心，配备食堂、快件寄递、理发洗衣等便民商业设施，进一步整合社区服务设施资源，实现"一站式综合服务""一体化资源统筹"，打造人人乐享生活的美好生活共同体。关注社区重点人群，深入推进社区适老化、适儿化改造，优先满足"一老一小"的需求。一方面，完善社区托育设施建设，开设社区"宝宝屋"，明确托育设施的操作、环境卫生等标准，为社区居民提供高质量的托育服务。另一方面，完善社区居家养老服务，打造数字养老样板间，深入探索数字化养老模式，通过智能科技设备及适老化改造，为老年人的家庭生活提供更多的便利和安全保障。在社区服务中心引进 AI 下棋机器人、乒乓球发球机器人等智能健身娱乐设备，让居民充分体验到高科技带来的魅力和乐趣。

三是打造宜居生活环境，建设"美丽家园"。完善社区市政基础设施，提升社区人居环

[①] 住房和城乡建设部：《完整社区建设案例集（第一批）》，2023 年。

境质量。开展加装电梯、增设共享充电桩、实施雨污水分流等社区"硬件"改造，消除安全隐患，及时解决居民日常生活中的急难愁盼问题。建设公共活动场地、增加绿化景观，推进社区公共空间的更新改造和功能提升。通过社区微更新方式，持续拓展家门前的绿色空间，塑造更多富有社区特色、展现社区风采、彰显社区文化的独特景观。在焕新空间面貌、提塑社区形象的同时，让公共空间成为社区居民交流互动、沟通联系的桥梁，稳步提升广大居民对社区的归属感与认同感。开展楼道美化工程，打破门与门间的阻隔，建立起更多展示邻里精神风貌的微空间，维系好睦邻友好的地缘关系，促进更多居民参与社区的共治共享。结合每栋住宅楼的特色风采、居民需求进行有针对性的美化，让居民切实感受到身边的变化，进一步增进居民与社区间的关系纽带。

四是推进智能化服务，建设"数字家园"。通过"数字赋能"，打造数字家园示范点，为社区居民提供触手可及的数字化便民服务设施和高效便利的生活服务，让更多居民融入数字生活、乐享数字生活。依托"民情日志"居民数据信息库，分析社区人员分布、年龄情况等信息；通过"数字驾驶舱"构建社区需求预测模型，有针对性地丰富社区服务计划。拓展数字监控，利用智能感知设备实现民生场景监控，进一步提升社区管理、民生保障的精度和准度；延伸数字服务，帮助社区服务突破空间、时间的限制。利用闲置用房，打造"数字小屋"不打烊服务区，整合"一网通办"自助机、公用事业费一体缴费机、AI 诊所、数字图书馆、共享打印机等便民服务设施，向社区居民 24 小时开放，让居民在家门口享受高质量的服务，全面提升群众的生活幸福指数。

五是健全社区治理机制，建设"自治家园"。坚持以党的建设贯穿、引领、保障基层社区治理，为社区治理注入"红色细胞"，推进"红色家园"建设。深化党建引领下的居委会、业委会、物业公司"三驾马车"建设，促进物业服务企业积极参与社区治理，构建起"治理目标人人有责、治理过程人人尽责、治理成果人人享有"的综合治理共同体。加强居民、社区规划师、社区公益组织等多元主体协同合作，并协调社区资源，引导居民积极参与社区管理，构建共建共治共享的良性循环；深入挖掘社区发展的模范人物、优秀做法、先进事迹，引导社区居民热爱社区生活，共创美好家园的文明新风尚。

● **推进"15 分钟社区生活圈"建设**

上海许多街道社区积极探索在地化的居民参与方式，激发居民参与意识和能力，与居民共同研究设计方案，由居民对方案进行评选，并持续监督项目实施等；引入社区规划师全程参与"15 分钟社区生活圈"的规划、建设和管理；根据社区发展实际和居民需求引入社会组织，发挥深耕社区的优势，协助街道推进多元治理，组织多样化公众参与活动；提供专业服务，搭建协商平台，筹集社会资金。

案例17 普陀区曹杨新村街道"15分钟社区生活圈"

曹杨新村街道位于上海市普陀区，辖区总面积 2.14 平方千米，常住人口 10.7 万人，是一个以居住功能为主的社区。其中曹杨新村是中华人民共和国成立后建造的第一个工人新村，以现代"邻里单位"规划理论完整建造，呈现了"15 分钟社区生活圈"建设的雏形，具有鲜明的红色基因和较高的历史风貌价值。

图 20　普陀区曹杨街道"一张蓝图"

曹杨"15 分钟社区生活圈"行动，针对社区设施老化、环境品质不高等问题，围绕"五宜"目标全面推进社区环境品质提升。宜居方面，增设社区食堂，开展旧住房修缮和成套改造行动，投放人才公寓，提供"青年友好"的住房选择；宜业方面，充分挖掘存量建筑潜力，打造"创业星工厂"，提供企业孵化、服务功能；宜游方面，关注社区风貌特色保护和彰显，修复和塑造开放空间体系，打造环浜绿地及滨水步道，提升既有"弯、窄、密"道路的步行环境；宜学方面，加强社区与校区联动，开展双美讲堂，提升文化场馆，开展村史学习；宜养方面，健全养老服务体系，布局老年日托、便民药房等社区服务，推动智慧健康服务。

通过一系列实践，曹杨"15 分钟社区生活圈"行动取得了显著成效。目前已开展曹杨一村等 7 个小区成套改造项目和 21 个小区综合修缮项目，建设和提升了百禧公园、曹杨环浜、桂巷坊等绿色开放空间，打造了曹杨新村村史馆、文化馆等一批社区文化设施，建成了武宁区片区服务中心、百姓客厅等一系列综合服务设施，满足居民新时期美好生活需求，提升了居民幸福感和满意度。

● **实施基础文化设施更新与提升计划**

上海市实施基础文化设施更新与提升计划，鼓励建设综合性文化体育类设施，完善基层公共文化服务网络，共同建好家门口的文化客厅和休闲运动好去处。创新各级公共文化体育配送内容与模式，提升供需对接的全方位、精准化服务，大力支持各类社会资本、社会组织参与文体设施建设、经营文体活动，提升服务水平和供给效能。引导文化企业把社会效益放在首位，建立国有院团的公益演出服务考核评价机制，大力增加各类演出活动的公益场次，扩大面向各类人群的公益文化服务供给。因地制宜增加市民身边的体育设施，到2025年人均体育场地面积达到2.6平方米左右。①

● **打造共建共治共享的社区生活共同体**

上海在全市范围内积极推广试点参与式社区规划制度，通过融合社区规划师专业力量和自治共治社区力量，建设更多居民家园"民心工程"，打造共建共治共享的社区生活共同体。参与式规划的主体包括具有专业背景的社区规划师、基层群众性自治组织和居民群众、社区治理领域组织和人员。参与式规划聚焦居民群众感受度高的小区老旧设施改造，宅前屋后和楼栋环境整治美化、公共空间功能提升等，开展微设计、微改造、微更新、微治理，用小改善、小更新、微实事，提升居民群众获得感。

案例18　浦东打造参与式社区治理的"东明范式"②

浦东新区东明路街道是由居民搬迁形成的大型纯居住社区。在发展过程中，面临东、西两大区域发展不均衡、公建配套缺乏、物理空间环境脏乱等挑战。在社区治理层面，居民自治活力不足、参与意识不够、社会资本缺乏。基于此，东明路街道以参与式社区规划为抓手，以提升治理能力为目标，在街区治理、参与式治理等方面进行了丰富的实践与探索，打造参与式社区治理的东明范式，取得了良好成效。

东明街道制订《"宜居东明"人民社区建设三年行动计划》，实现社区治理的价值引领。在三年行动计划的整体框架下，东明路街道开展了缤纷社区、数字化治理、参与式社区规划等各项工作，组织"全国大学生社区花园营造大赛"，连续两年举办"花开东明，缤

---

① 《上海市国民经济和社会发展第十四个五年规划和二〇三五年远景目标纲要》。
② 《以参与式社区规划为抓手，浦东打造参与式社区治理的"东明范式"》，https://mzj.sh.gov.cn/2023bsmz/20231007/3db89e36e4f14edd8d15a77034f68dc3.html。

纷社区"花园节。东明街道积极推动从以空间更新为导向的参与式社区规划到以重塑治理方式为导向的参与式社区治理转型，创新社会动员，充分唤起居民的主体意识和公共精神。

图 21　参与式社区规划

自治团队是参与式社区治理的依靠力量。东明路街道引入上海大学、同济大学四叶草堂等第三方专业力量，在每个居民区着力打造"1+1+n"的社区规划师队伍，由社区规划带头人或社区规划小组带领社区周边有意愿参与社区规划和社区共创的社会力量形成团队。此外，东明路街道还挖掘并培育了社区治理队伍。居民区团队从几十个增长至 420 多个，其中注册和备案类社会组织 240 多个，团队平均年龄下降到 45 岁。

有效的项目机制设计影响甚至决定了居民的参与效果。东明路街道建立了分类分层的规划项目运行机制，每年面向居民征集社区规划提案，提交社区代表会议审议，在规划项目落地上实施三联动，中大型社区改造方案由街道办事处统一申请政府实事项目立项实施；小型项目由居民区安排自治金"微基建"项目组织实施；迷你项目由社区居民募集资金自发组织实施，自建团队维护。自治项目从需求调研到项目跟踪评议形成十大环节的闭环治理流程，将全过程人民民主的理念贯穿项目形成的全过程。

破解治理难题是参与式社区治理的目标和方向。参与式社区治理不仅要求居民参与，更重要的是形成有效参与，将参与主体转变为治理主体。比如街道三林苑居民区围绕清退后的架空层如何管理利用、小区停车难等问题，借由议事平台召开 20 余场会议，全程让居民参与到架空层改造方案、管理公约等制定中，将架空层改造成九类不同功能的应用场景，并制定架空层管理公约和停车规约等，打造了多功能休闲空间"林苑小舍"，大大提升了群众的满意度和获得感。

(4) 公交导向的城市开发

● 推进站城融合区域建设

上海土地较为稀缺，且人口密集。通过规划研究、上盖业态分布及结构验算，在车辆基地上方建设一块混凝土盖板，将原本"城市的抓痕"变为可开发用地，大大提高城市土地的利用率。在进行车辆基地上盖物业开发之前，仔细研读城市规划，进行实地考察，设计多种方案，经过多轮研讨得出最科学合理的方案；进行车辆段上盖物业开发时，首先透彻分析车辆段自身的特点与功能，同时结合上盖业态需求及通过《城市轨道交通上盖物业开发规划及建设导则》设计要求，进行一体化设计。

案例19　青浦区轨道交通17号线徐泾车辆基地上盖开发项目

项目位于虹桥商务区徐泾板块，与地铁17号线徐盈路站（距虹桥火车站3站路）无缝对接，打造了集住宅、娱乐及公共空位为一体的"天空之城"。项目用地面积26公顷，建筑面积约70万平方米。整个项目由"上盖"和"落地"两部分建筑组成。项目距离虹桥枢纽约8千米，紧邻17号线徐盈路站点，通过轨道交通及城市快速干道与城市CBD虹桥商务区、国家会展中心相接，具有明显的区位及城市资源优势，未来将打造成为融合快捷绿色交通、多功能一站式商业、高效智慧办公、舒适健康居住的全维度一体化社区，形成极具现代城市精神且可持续发展的城市聚落形态，为城市发展注入新的生机和活力。

案例主要做法有：（1）加强规划设计。2012年底，申通地铁集团与青浦区政府对17号线徐泾停车场上盖开发达成一致意见，并且开展了国际方案征集工作，聘请了3家国际知名设计单位，香港和设计获胜，并由其配合编制详规。通过多家专项设计院的配合支持对工程安全、交通、消防、环保、卫生等方面的专项研究论证，反复与市、区规土局和相关专家汇报沟通，最终获得详规批复。（2）市场化建设运营。为了更好地以市场化方式建设、运营本项目，申通地铁拟通过转让部分股权寻找一家具有地铁上盖综合性房地产项目开发运营经验、财务统筹能力和品牌知名度（国内500强企业）的合作伙伴。整个意向洽谈过程中与多家慕名而来的国内外知名企业有过介绍和沟通，最终上海万科房地产有限公司中标。

案例预计成效主要有：（1）节约地铁前期成本，减少地铁前期动迁成本以及建设期的借地费用。（2）随着本项目的建成，聚商业、办公、住宅为一体地铁上盖综合体，为地铁吸引更多客流提供了保障。（3）通过土地的二次利用开发，集约利用土地，并且为周边区域增加配套设施和绿化空间。（4）通过万科集合旗下住宅开发、商场运营、办公运营等多种业务优势，为区政府在税收方面做出贡献。（5）作为所在区域的开发重点，结合轨道交通建设，形成地区经济与轨道交通的联动，以及上盖开发带来的机遇，带动区域能级的提升。

- **推进轨道交通网络建设**

上海市已于 2018 年完成轨道交通第三期建设规划。编制了市域线、市区线、局域线三个方面的规划方案。市域线规划方案形成由 21 条左右线路构成的市域公共交通骨架，在新城、核心镇和中心镇之间构建 10 条左右联络线，通过市域枢纽节点转换和部分区段的跨线直通运行，实现多模式轨道交通系统之间的互联互补；市区线规划方案在主城区规划 25 条、总里程 1000 千米以上的市区线，中心城轨道交通线网密度达到 1.1 千米/平方千米以上，实现重要交通枢纽、市级中心之间 30—45 分钟互通可达；局域线规划方案在市域构建 1000 千米以上的局域线网络，在嘉定、青浦、松江等城镇圈构建以中运量轨道和中运量公交等为骨干的局域公共交通网络，并沿主要客流走廊构建城镇圈之间、主城片区和城镇圈之间的骨干线路。

(5) 推进五个新城建设

- **推动新城重大功能导入**

上海市围绕各新城功能定位、主导产业发展、公共服务完善和城市品牌提升等领域，在各新城提出需求清单、市级各相关部门提出供给清单以及供需匹配、精准对接的基础上，重点聚焦市属国企总部、央企总部、民企和外企总部、科研院所、要素平台、高校、医院、文体场馆、养老产业设施、文旅活动和体育赛事等十类具体功能，梳理提出了"十四五"期间 70 项拟向新城导入功能的事项清单，并推动清单内事项加快落地。为更好发挥向新城导入功能工作的示范带动效应，上海市举办重大功能性事项导入新城发布活动。目前，25 项重大功能性事项均已签约并进展顺利。

- **加速落地"一城一名园"**

上海正在加快五个新城"一城一名园"落地。(1) 建立"名园"建设机制，推动五个新城初步形成"一城一名园"建设工作方案，挖掘"名园"内涵和定位，建立工作机制，明确建设重点，推动新城品牌、产业品牌、园区品牌的有机融合。(2) 明确"名园"建设体系，统筹品牌园区、特色园区、精品微园等各类产业园区，从规划实施、基础设施、项目落地、投资推进、要素保障等各方面加强对园区的支持，形成发展合力。（3）加大"名园"建设力度，以创新政策支持园区发展，例如，嘉定新城出台支持园区的16条措施，制定考核认定办法；青浦新城实施特色园区建设三年行动方案，出台特色产业园区创建认定及发展扶持的管理办法。①

● **打造"一城一绿环"**

2023年1月，五个新城绿环专项规划获市政府批复。2023年4月，五个新城绿环先行启动段实施方案通过专家咨询会和市级部门审议会。2023年上半年，五个新城绿环全面进入规划实施阶段，重点开展新城绿环启动段和重要节点实施建设，努力把规划蓝图持之以恒地细化为施工图，高质量转化为实景图。上海市计划每年在五个新城绿环选择若干重要节点（2023年共选取20余处），邀请国内外设计大师开展"大师园及云桥驿站"众创设计活动。为加快解决绿环空间统筹上的问题，上海市结合绿环周边环境现状优化，宜园则园、宜农则农、宜林则林、宜水则水，强化空间融合，功能复合，绿环建设与渣土消纳、应急避难场所等城市韧性空间相结合，实现"六票统筹"，提高土地使用效率和品质。

> **案例20 嘉定新城绿环**②
>
> 新城绿环是上海市生态网络的重要组成部分，是紧邻新城重要的乡村地区、生态空间和公共开放空间，突出生态优先、强化郊野特色、尊重文化基因。嘉定新城绿环依托新城总体城市设计空间结构，突出绿环生态特色和嘉定教化之城的独特魅力，提出"十字涟漪，绿野嘉园"的规划愿景，统筹新城及周边郊野地区，丰富新城"轴心引领、环廊贯通"的空间内涵。
>
> 嘉定新城绿环打造：（1）生态之环：打通生态断点，水脉成环成网，建设多级多类乡村公园，串珠成链，构建嘉定绿环优质森林基底，形成连续的区域生态廊道；（2）链接之环：建设覆盖全域、联动城乡的绿道系统，结合主环贯通打造驿站系统；（3）嘉乡之环：衔接村庄布局，盘活存量资产，发展乡村文旅、康养、艺术民宿等产业，打造乡村振兴示范样板；（4）功能之环：保留优质企业，进行功能和建筑改造，推动地区转型升级，布局城市保供仓库、应急避难场所等功能空间。
>
> 嘉定新城绿环呼应现状场地特征，依托新城重要轴线，形成六大功能区段。（1）自然

---

① 戚颖璞：《上海五个新城打造"一城一名园"，嘉定、青浦、松江、奉贤、南汇落地这些项目》，https://www.shobserver.com/staticsg/res/html/web/newsDetail.html?id=404010&v=1.2&sid=67。

② 《嘉定新城绿环专项规划》，2022年。

科学段：打造创客森林漫游体验，布局智慧科普服务设施，展现自然科学创新活力。(2)郊野游憩段：延续郊野公园以水稻田为主的开阔舒朗自然景观格局，依托菊园百果园农业产业基础，打造近郊田林休闲、科技农业休闲目的地。(3)体育竞游段：联动东西城市地区，重点结合上赛场体育功能板块特点，打造水岸林间自然运动场。(4)低碳生活段：关注低效工业用地减量和生态修复，增补公共服务设施，植入特色休闲文化功能，融入低碳建设理念，提供低碳生活科普，引领低碳城市生活风潮。(5)生态农艺段：依托马陆葡萄优质产业特色，引导农旅文融合的乡村产业集群发展，恢复场地栖息地价值，打造原汁原味的水文化江南美学葡乡、艺林、美田自然展场。(6)人文乡居段：提倡健康可持续的乡村生产生活新方式，推进村落公共空间体系形成，引导乡村振兴产业发展，打造富有魅力的人文聚落。

SDG17 促进目标实现的伙伴关系

SDG17

- SDG17 促进目标实现的伙伴关系，致力于加强执行手段，重振可持续发展全球伙伴关系。通过该目标的实践，能够加强不同国家、地区、城市之间的伙伴关系和合作，基于共同的愿景实现可持续发展目标。

- 在加快建设具有世界影响力的社会主义现代化国际大都市的战略框架下，上海需要进一步扩大对内、对外开放，与全球伙伴进一步拓展合作新领域新空间，强化促进国际、国内双循环的战略支点地位。

- 在 SDG17 目标下，上海积极拓展全球城市"朋友圈"，推进经济、文化、教育、科技等领域的多维度全方位国际交往，对标国际最高标准推进营商环境改革，为企业"引进来"和"走出去"提供最优服务品质，同时积极发挥龙头城市作用，推进长三角区域一体化高质量发展，推进临港新片区、虹桥国际开放枢纽等一批空间载体和平台的建设。

响应框架

重要措施	具体领域	典型案例	关键指标	SDG17目标响应
拓展全球"朋友圈"	开展多维度的国际交往活动	亚大地区城市国际合作管理课程项目	▶国外友好城市数量 ▶港口货物吞吐量	17.16 加强全球可持续发展伙伴关系，以多利益攸关方伙伴关系作为补充，调动和分享知识、专长、技术和财政资源，以支持所有国家、尤其是发展中国家实现可持续发展目标
	打造国际青少年互动友谊营			
	举办上海城市推介大会			
	依托"世界城市日"平台推广可持续发展理念	"城市日进校园"系列活动		
推进营商环境改革	集成创新持续优化营商环境	徐汇推行"分期验收"	▶跨国公司地区总部数量 ▶外资研发中心数量 ▶实到外资金额 ▶进出口总额	17.10 通过完成多哈发展回合谈判等方式，推动在世界贸易组织下建立一个普遍、以规则为基础、开放、非歧视和公平的多边贸易体系
	境外职业资格证书认可			
	创新服务"一带一路"共建	第二届上海国际争议解决论坛		
推进长三角一体化高质量发展	充分发挥一体化发展中的龙头带动作用		▶长三角一体化发展指数	17.15 尊重每个国家制定和执行消除贫困和可持续发展政策的政策空间和领导作用 17.17 借鉴伙伴关系的经验和筹资战略，鼓励和推动建立有效的公共、公私和民间社会伙伴关系
	长三角绿色生态一体化示范区发展			
	上海大都市圈空间协同发展			
推进临港新片区全方位高水平开放	建设现代服务业开放区		▶自由贸易试验区跨境人民币结算总额	
	打造国际创新协同区	临港新片区顶尖科学家社区项目		
	发展洋山特殊综合保税区	洋山港提升国际枢纽港功能		
	打造前沿科技产业区			
推进虹桥国际开放枢纽能级提升	国际化中央商务区建设			
	国际贸易中心新平台建设			
	服务长三角和联通国际的平台建设			

关键指标

国外友好城市数量（个）

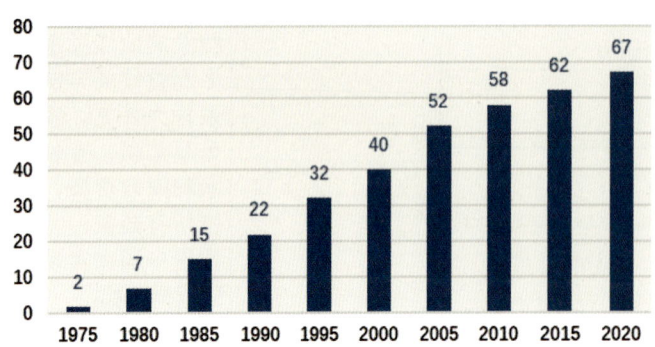

上海国外友好城市数量（市级）从1975年的2个增长至2020年的 **67个**。

跨国公司地区总部数量

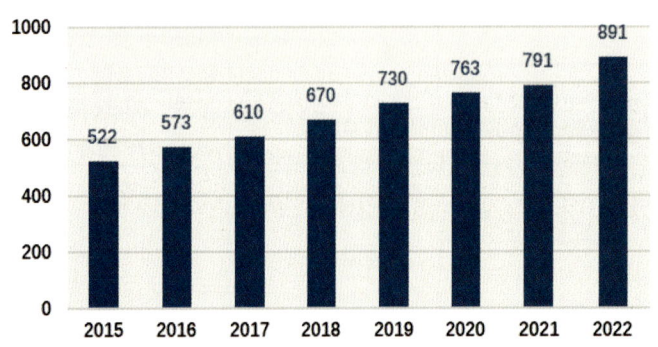

2015—2022年，跨国公司地区总部数量增长 **70.7%**。

外资研发中心数量

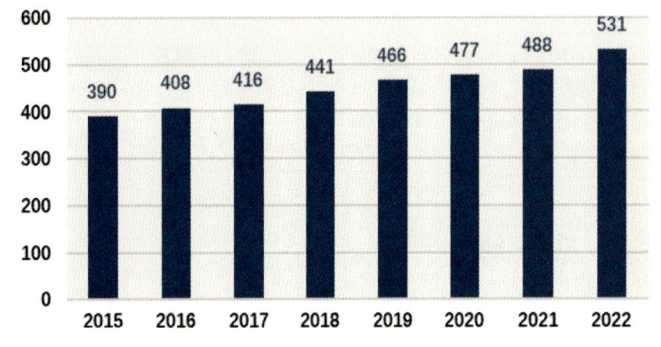

2015—2022年，外资研发中心数量增长 **36.2%**。

实到外资金额（亿美元）

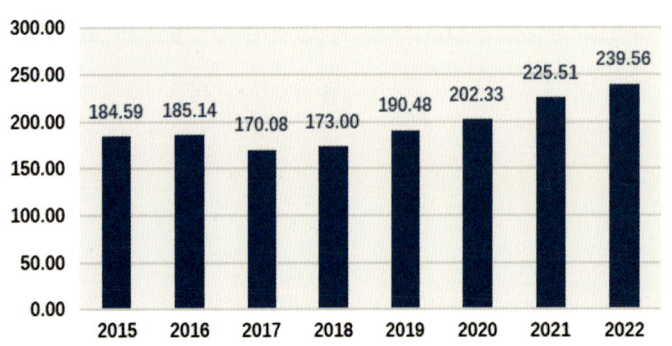

2015—2022年，实到外资金额增长 **29.8%**。

↘ 自由贸易试验区跨境人民币结算总额（亿元）

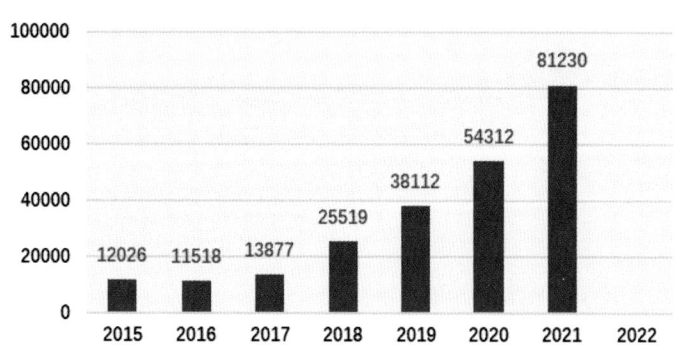

2015—2021 年，自由贸易试验区跨境人民币结算总额增长 **575%**。

↘ 进出口总额（亿美元）

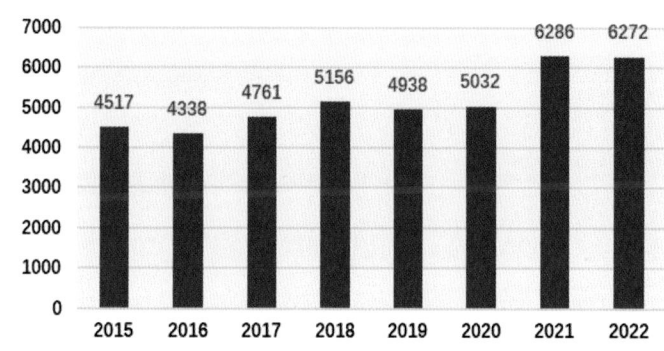

2015—2022 年，进出口总额增长 **38.9%**。

↘ 港口货物吞吐量（万吨）

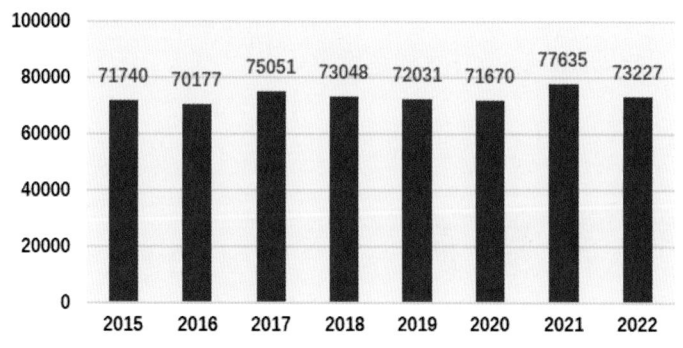

2015—2022 年，港口货物吞吐量稳定在 **7 亿吨**以上。

↘ 长三角一体化发展指数

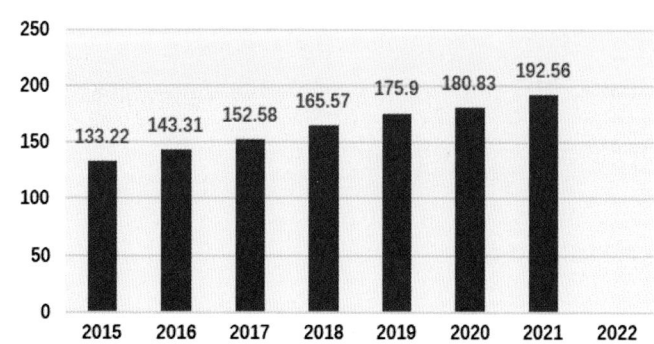

2015—2021 年，长三角一体化发展指数增长 **44.5%**（根据《长三角一体化发展指数报告（2022）》）。

主要进展

- **国际协同创新区建设持续推进**

上海积极推进位于南汇新城的国际创新协同区建设，总规划面积约6.9平方千米，开发总量697万平方米。核心区分为科创总部湾（0.52平方千米，开发100万平方米）、顶尖科学家社区（2.5平方千米，开发303万平方米）和科技创新城区（3.22平方千米，开发294万平方米）。预计2035年居住人口达5.1万人，其中顶科社区3.8万人、科技创新城社区1.3万人；科创总部湾计划就业人口2.1万人。科创总部湾规划商业、教育、办公用地，总建筑量154万平方米。顶尖科学家社区规划住宅、公共设施，总建筑量303万平方米，人口4万人。

- **洋山特殊综合保税区发展迅速**

上海不断深化开放，促进经济增长与产业升级。上海国际创新协同区推进新监管模式，实现全新进出境制度环境，建设跨境贸易大数据平台。洋山特殊综合保税区2022年进出口额2090亿元，同比增长61%，全国排名第7，区域经营总收入8624亿元，同比增长68%。临港新片区大飞机航空产业园发展迅猛，签约项目46个，ARJ21交付100架，C919下线3架。南港码头二期工程推进，提升滚装运输能力。推动高端航运服务业创新，引领外资班轮船公司沿海捎带业务落地，2022年共完成4.3万标准箱业务量。

- **前沿科技产业区成就显著**

上海新片区初步呈现产业集群梯度推进态势，智能新能源汽车产业占主导，规上工业产值占66.1%，高端装备产业发展迅速，即将形成千亿级产业；集成电路领域产值翻番增长，人工智能企业近200家，快速增长；生物医药领域稳步发展，新材料和氢能领域布局加速。产业梯度发展初见成效。科技创新方面，新片区集聚高水平研发机构，推进实验室建设，构建科技成果转化平台，培育创新型企业，构建国际创新网络节点。整体而言，新片区在产业和科技创新方面取得显著成就。

- **高标准的国际社区逐步建立**

上海积极推进智慧社区系统建设，承担物业运营中多重核心功能。首先，系统规范业务标准，降低风险，通过标准化执行、实时监控和问题处理来确保专业的物业管理。其次，系统可提升经济效益，减少成本，通过自动化管理减少人力和时间成本，引入增值服务创造新收入，提升资产价值。最重要的是，系统能够增强服务体验，提升服务品质，优化资源配置，提供便捷的在线服务，满足业主需求，提高满意度和品牌口碑。这些方面共同构成了智慧社区系统的核心价值，助力物业运营更高效、便捷、专业。

- **国际化中央商务区竞争力持续提升**

虹桥国际中央商务区作为虹桥国际开放枢纽的核心承载区，主要经济发展指标全面提速，显示度、引领力和竞争力持续提升。2023年上半年，商务区税收收入增长80.5%，进出口商品总额增长24.5%，正成为长三角区域高速发展的新标杆和双向开放的新地标。在创建"丝路电商"合作先行区方面，虹桥国际中央商务区率先对标DEPA（《数字经济伙伴关系协定》）、CPTPP（《全面与进步跨太平洋伙伴关系协定》）等国际高标准数字经济、电子商务规则，为更好参与"一带一路"建设提出了更高要求。[1]

- **国际贸易中心新平台建设取得初步成效**

2020年以来，尽管上海国际贸易中心建设面临着更加深刻复杂的外部环境，上海国际贸易中心建设仍处于重要的战略机遇期，在危机中育先机、于变局中开新局。上海国际贸易中心高质量发展能级跃升，成为服务经济和数字经济为主要特征的全球高端要素的引力场、融入全球产业链的桥头堡。上海国际贸易中心的发展目标瞄准能级的全面跃升，首要任务是基本建成全球贸易枢纽与亚太投资门户，以顺应国际贸易发展的三大基本逻辑和趋势——投资驱动贸易、数字驱动贸易和规则驱动贸易。[2]

- **长三角绿色生态一体化示范效应显现**

长三角生态绿色一体化发展示范区包括上海市青浦区、江苏省苏州市吴江区、浙江省

---

[1] 张湧：《专家观点｜虹桥国际开放枢纽的新使命新机遇》，https://www.whb.cn/commonDetail/535094。

[2] 《上海正式颁布<"十四五"时期提升上海国际贸易中心能级规划>》，《解放日报》2021年5月7日。

嘉兴市嘉善县。示范区秉持实践与总结相结合，在不改变行政隶属的前提下，打破行政壁垒，创造区域协调发展的典范和可推广的制度经验，112 项一体化制度创新成果中有 38 项已向全国推广，"制度创新试验田"功能显著。2022 年，示范区国家高新技术企业达 2924 家，同比增长 21.3%。空气质量优良率、地表水环境质量改善，重要水域水质已超越 2025 年目标。2023 年 2 月，国务院批准了《长三角生态绿色一体化发展示范区国土空间总体规划（2021—2035 年）》，该规划成为全国范围内首个具有法律效力的跨省域国土空间总体规划，为区域共建、共保、共治、共享进一步强化了空间规划保障。

● **上海大都市圈空间协同进入实质阶段**

上海大都市圈空间协同规划是以上海为核心，以周边地理邻近性为基础、功能紧密关联性为关键、地理文化认同感为纽带，并兼顾行政治理的空间完整性而构成的"1+8"多中心城市区域。上海大都市圈是一个充满生机活力的区域生命共同体，也是一个整体实力可以比肩世界顶级都市圈的高收入经济体。2020 年 GDP 总规模约 11.16 万亿元，约占长三角的 50%左右；人均 GDP 达到 14.41 万元。在"双循环"新发展格局下，上海大都市圈具备世界一流的综合经济实力和相对完整、高水平的产业链与供应链，是我国推动国内外双循环、参与全球竞争的重要载体。[①]

● **营商环境持续迭代升级**

上海通过"一网通办"平台优化政务流程，实现 3600 项事项在线处理，提升便捷性；完善市场准入、知识产权保护，构建开放有序的市场环境；强化法治建设，推动公平竞争审查，动态调整监管事项清单；建立权益保障体系，构建公共法律服务平台，强化知识产权保护；优化要素环境，放宽人才政策，推出普惠金融应用，形成友好的利企环境；强化政企关系，通过大走访、企业服务云等加强服务企业，建立多种平台促进交流。多项举措共同提升发展环境，增强上海的吸引力和竞争力。

---

① 《上海大都市圈协同规划》，https://ghzyj.sh.gov.cn/gzdt/20220928/398a780306ca4e4fbbb03e38208ab89c.html。

重要措施

(1) 拓展全球"朋友圈"

- **开展多维度的国际交往活动**

上海市积极拓展与国际友好城市的交往。截至 2021 年 9 月 30 日，上海市及相关区已与世界上 59 个国家的 92 个市（省、州、大区、道、府、县或区）建立了友好城市（区）关系或友好交流关系。近年来，上海市克服新冠疫情等不利因素影响，积极开展与世界各地的文化、教育、体育等多领域及多种形式的交往活动。

> **案例21 亚大地区城市国际合作管理课程项目**
>
> "亚大地区城市国际合作管理课程（ICMP）"是上海市政府自 2013 年开始每年举办的国际交流平台，已连续举办 7 年。该项目邀请亚洲和大洋洲 19 个国家 29 个城市的 80 名官员来沪参加。自 2015 年起，课程采用"1+X"模式，每年围绕一个专业领域邀请外事官员和该领域中高级官员来沪，与本市相关部门展开对话交流。7 年来，ICMP 交流涵盖商务、公共卫生、旅游、文化、垃圾综合治理等领域，成为加强上海与亚大地区城市交流、深化专业领域国际合作的重要平台。该平台不仅扩展了上海在亚大地区的友好交往，还为吸纳国际先进经验、发掘合作机遇提供了途径，有力支持了上海的城市建设。通过 ICMP，上海在国际舞台上树立了更广泛的城市友谊网络，也为本市的发展提供了有益的国际交流与合作机制。

图 22 课程学员参观朱家角古镇

- **打造国际青少年互动友谊营**

自 2005 年创办以来，上海国际青少年互动友谊营已成为市友协的品牌交流项目，吸引了来自 70 多个国家的 1500 多名青少年。活动内容丰富多样，涵盖传统文化、科技、乡村振兴等多方面，针对中学生特点设计。2019 年的第 15 届互动营邀请了来自 19 个国家的 90 名外国营员和领队老师，活动参与者不仅覆盖了"一带一路"沿线国家，还加强了与各区合作，使各区的优质资源在国际青少年交往中发挥更大作用。2021 年，互动营顺应形势，邀请在上海学习、生活的各国青少年参加，并前往延安体验陕北文化。中央和上海主流媒体多次报道活动，外交部发言人和相关国家当地媒体也通过社交平台点赞或转发报道。上海友协公众号全程播发文章和短视频，取得了良好的反响。

图 23 第 16 届互动营营员吴中路地铁站大合影

- **举办上海城市推介大会**

上海城市推介大会旨在邀请国际组织代表和世界银行经济学家分析全球经济趋势，展望上海未来发展，鼓励新总部企业在上海投资兴业，凸显上海在建设国际大都市方面的决心与实践。2022 年的大会主题为"拥抱进博·共享未来"，于北外滩世界会客厅举行。会上发布了新修订的鼓励跨国公司设立地区总部有关政策，反映了为上海城市发展做出积极贡献的总部企业风采，展现了跨国公司持续看好上海、投资上海、深耕上海的坚定决心和信心。会上还举行了重点项目签约，18 个项目投资总额约 300 亿元，分布在全市各区、临港新片区和虹桥国际中央商务区，产业涉及生物医药、集成电路、人工智能、高端设备、生命健康等重点领域。①

● **依托"世界城市日"平台推广可持续发展理念**

世界城市日是首个由中国政府发起设立的国际日，也是联合国决定设立的首个以城市为主题的国际日。2014 年 12 月在上海设立中国唯一的世界城市日事务协调中心，承担与城市日相关活动的协调、组织，以及城市管理和可持续发展领域的研究、培训、宣传推广等事务性工作。城市日中心致力于通过相关主题活动、论坛、培训、成果分享等方式，唤起各国政府和社会各界对解决城市问题，特别是对发展中国家快速城市化进程中所产生问题的重视，积极应对城市化给全人类带来的机遇和挑战，促进全球城市的可持续发展。城市日活动先后在意大利米兰、厄瓜多尔基多、中国广州等国内外城市成功举办。近年来，主办方每年还以上海为起点，创设了"全球城市论坛""上海论坛""上海国际城市与建筑博览会"三大主题活动，以及"世界城市日青少年系列活动"等数十个城市日系列活动品牌，持续放大可持续发展理念的推广效果。"世界城市日"平台还推动形成了"四个上海"标志性成果："上海奖""上海指数""上海手册""上海报告"，推动联合国可持续发展理念传播，促进可持续发展实践的合作交流，提升可持续发展领域的上海担当，彰显可持续发展成果的上海示范。

案例22 "城市日进校园"系列活动

上海世界城市日事务协调中心启动了"城市日进校园"系列活动，旨在面向高校师生推广可持续发展理念，携手高校共同助力可持续发展实践。

2023 年 4 月 11 日下午，世界城市日进校园的启幕之旅在上海对外经贸大学举办。活动现场首先举办了上海对外经贸大学世界城市日实习基地合作共建签约暨世界城市日专题图书捐赠仪式。包括《上海手册：21 世纪可持续发展指南》在内的多种可持续发展领域的出版物被上海对外经贸大学图书馆收藏，提升城市日平台的可持续发展领域最新研究成果的可达性。同时，城市日中心为该校学生提供了开放性的实习平台，让高校学生能够零距离接触、参与、实践可持续发展领域的相关工作。活动期间，来自城市日中心和相关智库的专家面向近 300 名师生分享了相关工作的体会，共同研讨城市可持续发展。

---

① 《2022 上海城市推介大会向全球发出坚定不移扩大开放、欢迎全球企业和人才来沪发展的热情邀请》，https://www.shanghai.gov.cn/nw4411/20221107/28aa4718b8a44581bdcc445ee5f083c4.html。

2023年5月26日下午，世界城市日进校园活动来到了山东大学。本次活动由山东大学学生就业创业指导中心、山东大学外国语学院和上海世界城市日事务协调中心主办，山东大学学生全球治理与国际组织发展协会和山东大学外国语学院学生会承办。本次活动中，来自城市日中心、山东大学、上海国际问题研究院、复旦大学等单位的专家、学者与参与师生进行了深度交流，展开了一场思想碰撞、接轨国际、聚焦可持续发展的学术盛宴。

图 24 城市日进校园首站——上海对外经贸大学活动现场

(2) 推进营商环境改革

● **集成创新持续优化营商环境**

近年来,上海不断优化营商环境,推进改革创新。首先,通过年度实施方案和营商环境大会,形成高效的协调机制。其次,以世界银行营商环境为标杆,推动重点领域改革,如开办企业、施工许可、跨境贸易等;构建制度+技术+服务的营商环境体系,加强政策协同,提供技术支持,改善企业服务。同时,通过设立自由贸易试验区等战略,实现突破和创新。此外,重视企业感受,解决痛点问题,推动法治环境建设,发布法规,强化政府监管的法制化。最后,以"一网通办"为核心,提供全方位公共服务,借助于数字化转型提升服务质量。上海不断深化改革,优化营商环境,为市场经济发展提供有力支持。

> **案例23 徐汇推行"分期验收",为项目投产按下"快进键"**
>
> 徐汇区在应对重大工程项目竣工验收过程中的审批难题上采取了一系列创新做法。重大工程项目建设涉及审批复杂、周期长等问题,而疫情还对工程进展造成了影响。为此,徐汇区建管委以项目为中心,通过协同合作和灵活机制,建立了弹性分期验收推进机制,为项目建设提供便捷环境。通过"靠前办""标准办""容缺办"方式,徐汇区取得了一系列显著成效。分期验收机制的实施,有助于项目尽早竣工,满足企业对早投产的需求,减轻了资金压力,也进一步激发了地区经济活力。重大工程项目的推进,为地区的招商引资注入了新的动力,加速了经济转型升级。未来,徐汇区将进一步完善分阶段验收工作制度,持续释放审改红利,提升审批效率,激发市场主体活力,为地区的可持续发展提供支持。

● **境外职业资格证书认可**

2023年6月,国务院印发《关于在有条件的自由贸易试验区和自由贸易港试点对接国际高标准推进制度型开放的若干措施》(以下简称《若干措施》)。按照国家和上海市相关工作部署,上海自贸试验区提早谋划落实《若干措施》试点任务,目前已取得了积极进展,初步形成了一批制度创新成果。其中,率先开展再制造产品进口试点、鼓励境外专业人员来华提供专业服务等方面效果明显。此次《若干措施》也"鼓励境外专业人员依法为试点地区内的企业和居民提供专业服务"。目前,浦东新区已先后发布两批境外职业资格证书认可清单和紧缺清单 149 项，累计完成 184 单证书认可，切实为持证人才提供工作许可、落户等便利服务。①

- **创新服务"一带一路"共建**

上海在共建"一带一路"过程中采取了一系列创新举措。针对"走出去"企业普遍面临的境外风险难以把握、专业服务支撑不足等问题，2022 年 6 月 8 日，上海在贸促会基础上正式挂牌成立"一带一路"综合服务中心，为市场主体提供投资贸易双向对接、市场信息、企业培训、商事法律等服务。其次，在虹桥国际中央商务区设立分中心，以更好服务市场，促进重点开放平台参与"一带一路"高质量发展。通过资源整合，综合服务中心打造多领域服务体系。此外，中心借助于上海市贸促会和上海国际商会的涉外资源，推动国际合作，为内外资企业举办国际性活动，着力解决企业在"一带一路"中所面临的难题，提供信息支持、投资贸易对接、金融法律服务、市场主体培训等服务，推出微信小程序"丝路 e 启行"1.0 版，提供综合性掌上服务平台，提高服务的可及性和精准度。

案例24　第二届上海国际争议解决论坛

上海市"一带一路"综合服务中心与多方合作，成功举办了第二届上海国际争议解决论坛，以"数据开放与安全：数字贸易国际规制和争议解决"为主题，聚焦数字经济发展。

图 25　论坛圆桌讨论现场

---

① 上海市人民政府新闻办公室：《提早谋划落实国务院〈若干措施〉试点任务 率先开展再制造产品进口试点 上海自贸区制度型开放取得新成果》，https://www.shio.gov.cn/TrueCMS/shxwbgs/ywts/content/4a069c34-1d82-4943-9986-c2827d3a839d.htm。

首先，积极跟踪国际经贸前沿，搭建对话平台，帮助企业把握数字机遇。其次，搭建政企沟通桥梁，多方合作，助力数字产业培育。政府、专业机构、商协会、企业等共同研讨，分享政策考虑、专业解读，为企业参与数字贸易提供支持。再次，加强专业支持引领，推动优质经验共享。邀请专业人士分享数字贸易争议解决经验，为企业提供专业指导。最后，通过先进传播手段，扩大服务辐射范围。论坛通过线上直播，实现了参会范围的大幅扩大，为更多市场主体提供了普惠服务。这次论坛为企业提供了数字贸易发展政策与法律指引，引导企业解决数字贸易纠纷，为数字丝绸之路建设提供了有益的交流平台。

(3) 推进长三角一体化高质量发展

- **充分发挥一体化发展中的龙头带动作用**

由上海、江苏、浙江、安徽四个省市构成的长三角地区是我国经济发展最为活跃的地区之一。共同推动 2018 年长三角一体化发展上升为国家战略。2019 年，《长江三角洲区域一体化发展规划纲要》发布，明确了上海的龙头带动作用。上海通过聚焦重点领域的协同推进，充分发挥龙头带动作用，切实贯彻实施《长江三角洲区域一体化发展规划纲要》。在科技创新领域，上海大力推动共建协同创新产业体系，持续推进长三角 G60 科创走廊建设共同体加快建设，围绕长三角共同打造电子信息、生物医药、航空航天、高端装备、新能源和智能网联汽车、新材料等世界级制造业集群。在基础设施网络布局方面，上海联合三省共同提升互联互通水平，加快建设区域轨道交通网络，构建便捷高效的公路网络，提升上海航空枢纽辐射能力，强化国际航运枢纽港功能。在生态环境方面，上海着力加强生态环境共保联治，共筑绿色美丽长三角。在公共服务与治理方面，上海强化政策协同制度衔接，共享公共服务普惠便利，持续提升异地公共服务便捷度，让群众跨区域办事、就医更加便捷。

- **长三角绿色生态一体化示范区发展**

上海积极推进长三角一体化发展，着力在规划对接、战略协同、专题合作和市场统一方面取得成效。国家规划纲要已形成"1+N"规划体系，实施两轮三年行动计划，着眼于引领作用和发展任务。长三角合作机制不断完善，央地协同和各级联席会议在决策、协调、推进方面发挥作用。区域内政府、企业、智库等各界积极响应，形成全社会参与的合力。示范区坚持"一盘棋"思想，践行新发展理念，以高质量发展为目标，通过一体化制度创新引领区域协调发展。示范区推出一系列具有复制推广价值的制度创新成果，如跨省域规划管理、生态保护、碳达峰、碳中和等。区域内生产总值年均增长 7.4%，工业总产值年均增长 10.9%，专利授权量翻倍。示范区着重推进 108 个重点项目，如水乡客厅、沪苏嘉城际线等，为一体化发展注入动能。

- **上海大都市圈空间协同发展**

2022 年 1 月，上海市人民政府、江苏省人民政府、浙江省人民政府联合印发《上海大都市圈空间协同规划》。该规划明确了三个方面的重点责任：在双循环新发展格局下，发挥核心作用，推动产业链和供应链的高水平发展；在实践新发展理念中，成为可持续发展的典范，引领绿色生产和生活方式；在推动长三角一体化高质量发展中，作为示范区域，促进资源共享和多元融合。规划构建了多层次、多中心、多节点的功能体系和紧凑型、开放式、网络化的空间结构。功能体系聚焦于全球产业链、供应链、创新链，涵盖生产性服务业、科技创新、智能制造、航运贸易、文化交流等领域。这些策略旨在推动区域的可持续发展和文化繁荣。最后，该规划呼吁各城市加强合作，建立平等协商的规划协同机制，鼓励多元主体参与规划实施，以确保《上海大都市圈空间协同规划》的顺利实施。①

(4) 推进临港新片区全方位高水平开放

- **建设现代服务业开放区**

现代服务业开放区位于临港主城区，总用地面积 19.67 平方千米，构建"一岛五区"的空间布局，着力打造更具国际市场影响力和竞争力的特殊经济功能区和开放创新、智慧生态、产城融合、宜业宜居的现代化新城。现代服务业开放区对标国际上公认的竞争力最强的自由贸易园区，依托新片区金融先行先试政策，以金融和贸易为核心，重点推进跨境金融、产业金融、科创金融、金融科技及财富管理等功能形态建设；同时，全面构建创新金融服务中心、国际法律服务中心、国际人才自由港等在内的现代服务业创新生态体系，提升全球资源要素的配置能力，进一步拓展跨境金融服务功能、促进离岸业务发展、提升总

---

① 《上海大都市圈空间协同规划》，https://ghzyj.sh.gov.cn/gzdt/20220928/398a780306ca4e4fbbb03e38208ab89c.html。

部经济能级、发展新型国际贸易。①

● **打造国际创新协同区**②

临港新片区自 2021 年 11 月全面启动"国际创新协同区"建设。该区域规划总面积约 6.95 平方千米，分为科创总部湾、顶尖科学家社区和科技创新城社区三个板块。科创总部湾位于滴水湖附近，用地面积约 52 公顷，地上、地下总开发量约 154 万平方米，是国际创新协同区最具显示度和集中度的滨水门户。顶尖科学家社区位于国际创新协同区中部地区，定位为"世界级的新时代重大前沿科学策源地"，以"领先未来 20 年的科技战略力量，储备未来 50 年的科学资源"为战略使命，聚焦重大科学问题和前瞻性基础研究。科技创新城社区建设创新晶体、创新魔坊、海洋科技广场、海立方科技园、临港科技创业中心等高品质物业载体，推动产业链、创新链深度融合，放大顶科论坛溢出效应。

> **案例25 临港新片区顶尖科学家社区项目**
>
> 自贸区临港新片区积极推进建设高标准的国际社区。新片区 PDC1-0401 单元顶尖科学家社区 H02-01 地块项目位于特定地块，用地面积 16610.5 平方米，涵盖住房租赁项目，总建筑面积 64503.67 平方米。
>
> 该项目主要包括租赁住房、配套公建、停车站等，共有住宅 525 户，约 1470 人。采用夹心保混、绿色建筑三星、健康建筑三星设计。智慧社区部分涵盖综合信息服务平台、基座、应用平台、展示平台、信息基础设施建设和超融合私有云等。此举实现物业管理智能化、数字化，提升效率、节约资源。项目也包含智能电梯、高空抛物系统、智能垃圾桶，可提高社区安全、环保和生活品质。社区应用平台通过 App、公众号和小程序，提供全面的公共服务。通过数字孪生可视化，建立社区统一的数据分析中心，实现数字化智慧社区。项目也展现了社区内商户互动、信息通知等功能，促进社区互动与服务。

---

① 《临港新片区·现代服务业开放区园区简介》，https://xpqjj.shlingang.com/home_10339/。
② 《临港新片区"国际创新协同区"建设全面启动》，https://www.shanghai.gov.cn/nw15343/20211104/61656ed3ba5a4a8882200ad14a903d36.html。

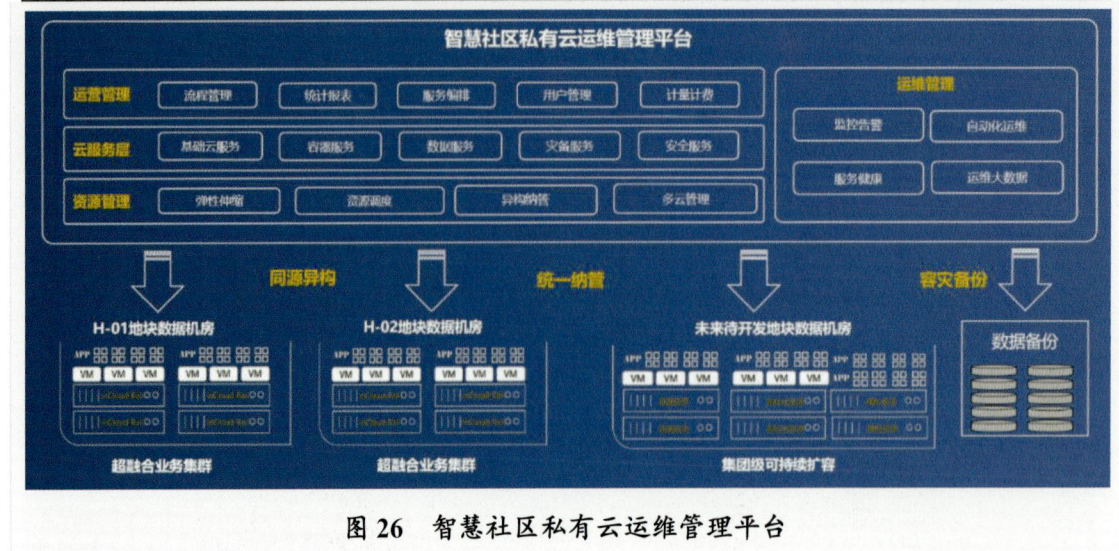

图 26　智慧社区私有云运维管理平台

- **发展洋山特殊综合保税区**

上海自贸区临港新片区洋山特殊综合保税区通过特殊监管模式和政策制度安排，实现了一系列创新和优化：取消贸易监管要求，改进货物流程；实行"一线放开"和"二线放行"模式；企业在区内实施自由中转、自由存储、自由加工、自由交易；税收政策优势，推进服务贸易开放。该区特别推出金融创新支持倡议，强化信贷支持，促进投资贸易自由化。免征增值税政策落地，区内物流、仓储服务实施免增值税政策。上海海关积极推动便利化制度，优化保税标准仓单质押融资，优化生物医药通关流程，推动一体化平台大数据无感监管，解决企业付汇问题，为洋山特殊综合保税区的发展提供了有力支持。这些措施推动了区域的创新和发展，增强了洋山特殊综合保税区的国际竞争力。

案例26　洋山港提升国际枢纽港功能

上海自贸区临港新片区洋山特殊综合保税区通过一系列改革和政策创新，成功推动国际中转集拼业务发展，提升全球枢纽港的国际中转集拼枢纽功能。

自2018年海关总署发布《关于海运进出境中转集拼货物海关监管事项的公告》以来，各海运口岸积极探索实践，但未实现跨关区中转集拼。临港新片区针对上海港航线布局现状，设立国际转运集拼监管中心，支持上港集团打造洋山国际中转集拼服务中心，解决了跨关区中转难题，为国际中转集拼业务提供了便利化监管环境。此外，临港新片区制定配套政策，对参与国际中转集拼业务的企业给予一定支持，吸引国际供应链服务商集聚上海。这些措施使上海作为全球排名第一的集装箱枢纽港能够更高效地进行国际中转集拼业务，节省时间和成本，提高国际中转货比例。2020年，洋山港国际中转集拼箱量增长18%，国际中转集拼业务取得显著成效，推动上海国际航运中心建设。

图 27　洋山特殊综合保税区

- **打造前沿科技产业区**

　　临港新片区在产业集群梯度推进和科技创新体系化方面取得显著成就。在产业方面，智能新能源汽车、集成电路、精准医疗、人工智能、民用航空、高端装备、新能源等领域布局逐步完善，形成了一系列产业链和生态圈。特别是智能新能源汽车领域，已初步形成八大门类产业链，吸引了瑞庭时代、宁德时代等龙头企业。在科技创新方面，临港新片区汇聚高水平研发主体，建设了多个科技成果转移转化平台，培育创新型企业，同时致力于建设世界顶尖科学家社区，打造国际创新网络节点。临港新片区的发展策略和举措在推动产业升级和科技创新上取得了积极成效。

(5) 推动虹桥国际开放枢纽能级提升

- **国际化中央商务区建设**

　　国际化中央商务区旨在充分服务两大国家战略，即长三角一体化和中国国际进口博览会。旨在构建一个总体发展框架，被称为"一区五新"，即以卓越的国际化中央商务区为核心，打造开放共享的国际贸易中心新平台、连接国际国内综合交通的新门户、全球高端要素配置的新通道、高品质的国际化新城区以及引领区域协同发展的新引擎。在功能布局方面，该商务区将积极发挥其辐射引领功能，强化与"北向拓展带"和"南向拓展带"的协调联动，形成"1+4"的总体格局，即"一核、四片区"。上海的目标是将虹桥国际开放枢纽建设成为重要的增长极，提升城市能级和核心竞争力，成为长三角一体化的关键动力源，以及国家战略的重要承载区。商务区的使命是打造标志性区域，代表新时代改革开放排头兵，成为长三角增长极的战略支撑，以及构建新发展格局的关键纽带。①

● 国际贸易中心新平台建设

上海将实施更广泛、更深层次的对外开放，着力推动制度型开放，加快高水平服务系统的建设，并建设贸易投资制度创新高地，以实现更便利的贸易流通、更健全的法制保障和更完备的人才支撑。上海提出了6个具体目标、23条任务措施，以及11项行动，以有机整合的方式推动这一战略的实施。其中，制度型开放是关键的助推器。《"十四五"时期提升上海国际贸易中心能级规划》明确了要建成全球影响力的国际消费中心城市，突出了上海在消费集聚和辐射方面的作用。这一建设将提升上海国际贸易中心的能级，具体体现在高端消费供给创新、吸引外来消费和本地服务升级、服务消费升级和数字化转型、进博会的溢出效应、流通体系改革和内外贸一体化等方面。②

● 服务长三角和联通国际的平台建设

上海虹桥商务区将以打造虹桥国际开放枢纽为契机，进一步形成"一区五新"总体发展框架，构建以一流的国际化中央商务区为承载主体，打造开放共享国际贸易中心新平台、联通国际国内综合交通新门户、全球高端要素配置新通道、国际化品质产城融合新城区、引领区域协同发展新引擎等五大特色功能。产业能级方面，将着力引导临空服务、健康医药、人工智能、北斗导航等特色产业，积极引进新业态、新模式，培育经济新增长

---

①徐晶卉：《<虹桥国际开放枢纽中央商务区"十四五"规划>出炉，将形成"一区五新"总体发展框架！》，https://wenhui.whb.cn/third/baidu/202109/07/422905.html。
②《上海正式颁布<"十四五"时期提升上海国际贸易中心能级规划>》，《解放日报》2021年5月7日。

点。此外，虹桥商务区还将承接并进一步放大进博会溢出带动效应，做优做强"买全球、卖全球"的进口商品集散地。①

---

① 《服务长三角、联通国际　上海虹桥将建成"国际开放枢纽"》，https://www.chinanews.com/cj/2021/02-24/9418271.shtml。

5. 展望

本报告基于可持续议程框架，构建了上海城市战略目标愿景体系和 SDGs 体系的逻辑框架，梳理了上海推进实现 17 个可持续发展目标的关键举措。根据此次审查结果，上海在 SDG8 体面工作和经济增长，SDG9 产业、创新和基础设施，SDG11 可持续城市和社区，SDG17 促进目标实现的伙伴关系等方面均进一步实施了可持续发展理念，取得了显著的进展，积累了丰富的实践经验。

展望未来，上海将持续以实现可持续发展目标而努力奋斗。在经济领域，上海将在国家重大战略牵引下推动改革开放向纵深发展，构建现代化经济体系，推动经济高质量发展。在社会领域，上海将着力创造高品质生活，更好满足人民对美好生活的向往。在文化领域，上海将大力弘扬城市精神品格，深入推进国际文化大都市建设。在治理领域，上海将把握超大城市特点和规律，全面提升城市治理现代化水平，同时打造全过程人民民主最佳实践地。在环境领域，上海将扎实推进生态文明建设，加快建设人与自然和谐共生的美丽家园。

案例索引

案例 1	上海东站综合枢纽建设	30
案例 2	上海实施国有房屋租金减免政策	31
案例 3	徐汇区帮助长期失业青年实现就业创业	34
案例 4	上海开展多元化新业态城市消费活动	36
案例 5	"自然创造可能"上海时装周×SORONA 项目	38
案例 6	上海培育"元宇宙"新赛道产业高地建设行动	50
案例 7	黄浦区创建低碳城区	52
案例 8	上海申能集团布局氢能全产业链	53
案例 9	奉贤海上风电项目	54
案例 10	上海探索"数字治理"新范式	57
案例 11	静安区张园地区保护性综合开发	70
案例 12	长宁区上生新所城市更新项目	71
案例 13	虹口区沽源路第一、第二小区"连片"加装电梯项目	73
案例 14	青浦区蟠龙"城中村"改造项目	74
案例 15	静安区蕃瓜弄小区拆除重建项目	76
案例 16	静安区临汾路380弄完整社区建设试点	77
案例 17	普陀区曹杨新村街道"15分钟社区生活圈"	79
案例 18	浦东打造参与式社区治理的"东明范式"	80
案例 19	青浦区轨道交通17号线徐泾车辆基地上盖开发项目	82
案例 20	嘉定新城绿环	84
案例 21	亚大地区城市国际合作管理课程项目	95
案例 22	"城市日进校园"系列活动	97
案例 23	徐汇推行"分期验收",为项目投产按下"快进键"	99
案例 24	第二届上海国际争议解决论坛	100
案例 25	临港新片区顶尖科学家社区项目	103
案例 26	洋山港提升国际枢纽港功能	104

指导单位	上海市住房和城乡建设管理委员会
	上海市人民政府发展研究中心
	上海社会科学院
支撑单位	上海市人民政府外事办公室
	上海市发展和改革委员会
	上海市科学技术委员会
	上海市经济和信息化委员会
	上海市交通委员会
	上海市商务委员会
	上海市财政局
	上海市规划和自然资源局
	上海市人力资源和社会保障局
	上海市生态环境局
	上海市文化和旅游局
	上海市就业促进中心
	中国(上海)自由贸易试验区临港新片区管理委员会
	长三角生态绿色一体化发展示范区执行委员会
	上海虹桥国际中央商务区管理委员会
	（排名不分先后）
编写单位	上海社会科学院《上海报告》编写组
	上海世界城市日事务协调中心

图书在版编目(CIP)数据

上海报告 2023：落实联合国2030年可持续发展议程上海自愿评估报告 / 上海社会科学院《上海报告》编写组，上海世界城市日事务协调中心编 .— 上海：上海社会科学院出版社，2024
 ISBN 978-7-5520-4288-7

Ⅰ.①上… Ⅱ.①上…②上… Ⅲ.①城市建设—研究报告—上海—2023 Ⅳ.①F299.275.1

中国国家版本馆CIP数据核字(2023)第251078号

上海报告·2023：落实联合国2030年可持续发展议程上海自愿评估报告

指　　导：	上海市住房和城乡建设管理委员会 上海社会科学院
主　　编：	上海世界城市日事务协调中心 上海社会科学院《上海报告》编写组
责任编辑：	董汉玲
封面设计：	陈　晨
技术编辑：	裘幼华
出版发行：	上海社会科学院出版社 　上海顺昌路622号　邮编200025 　电话总机 021-63315947　销售热线 021-53063735 　https://cbs.sass.org.cn　E-mail：sassp@sassp.cn
印　　刷：	上海盛通时代印刷有限公司
开　　本：	889毫米×1194毫米　1/16
印　　张：	7.5
字　　数：	176千
版　　次：	2024年9月第1版　2024年9月第1次印刷

ISBN 978-7-5520-4288-7/F·755　　　　　　　　　　　　定价：118.00元

版权所有　翻印必究